講談社文庫

恥さらし

北海道警　悪徳刑事の告白

稲葉圭昭

講談社

恥さらし

北海道警 悪徳刑事の告白

目次

主な関係人物

〈情報提供者＝エス〉

渡部 真：中古車販売業や飲食店を手がける。稲葉の覚醒剤使用を告発後、札幌拘置支所にて自殺を遂げる

岩下克行：元暴力団幹部。潜入捜査「警察庁登録50号事件」に稲葉とともに関与。「泳がせ捜査」では、130キロの覚醒剤の密輸に成功する

アクバル・ハッサン：パキスタン人の中古車販売業者。「ロシア人おとり捜査事件」に関与した

〈北海道警察〉

武井義夫：元北見署刑事防犯担当次長。「クビなし拳銃」の押収を初めて稲葉に指示する

若林祐介：銃器対策室発足時の室長。押収数を増やすため、銃器対策室は「クビなし拳銃」の押収を奨励した

小塚正雄：「警察庁登録50号事件」当時の銃器対策課課長

大森亮二：「ロシア人おとり捜査事件」当時の道警銃器対策課課長。稲葉らに裁判での偽証を指示した

脇田雄二：元道警銃器対策課次席。稲葉とともにさまざまな違法捜査に関わる

片山俊雄：「ロシア人おとり捜査事件」当時の銃器対策課指導官。「泳がせ捜査」時は次席。稲葉逮捕後、札幌市内の公園で自殺した

前原忠之：「泳がせ捜査」当時の銃器対策課指導官

下村 仁：元道警銃器対策課課長補佐。「警察庁登録50号事件」や「ロシア人おとり捜査事件」に関与した

大塚 健：元道警銃器対策課課長補佐で、「泳がせ捜査」に関与した

（本書に登場する人物は、個人のプライバシーに配慮し、一部を除き仮名にしています）

稲葉圭昭　関係年譜

昭和28(1953)年10月	北海道沙流郡門別町にて出生
昭和51(1976)年4月	北海道警察に採用される
昭和52(1977)年4月	道警本部警備部機動隊柔道特別訓練隊員
昭和54(1979)年8月	道警本部刑事部機動捜査隊隊員
昭和59(1984)年4月	巡査部長に昇任 札幌方面中央警察署刑事第二課暴力犯係主任
昭和63(1988)年10月	北見方面北見警察署刑事課暴力犯係主任
平成2(1990)年4月	警部補に昇任 旭川方面旭川中央警察署刑事第二課暴力犯係長
平成5(1993)年4月	道警本部に銃器対策室が設立される 道警本部防犯部保安課銃器対策室銃器犯罪第二係長
平成7(1995)年2月 同年4月	札幌で金庫強奪事件発生。関与を疑われる 防犯部保安課が生活安全部銃器薬物対策課に名称変更 道警本部生活安全部銃器薬物対策課銃器犯罪第二係長
平成8(1996)年4月 同年8月	銃器対策部門が銃器対策課として独立 「警察庁登録50号事件」での潜入捜査に従事する
平成9(1997)年11月	道警銃器対策課がおとり捜査でロシア人船員を逮捕
平成11(1999)年11月	パキスタン人を拳銃所持でやらせ逮捕
平成12(2000)年4月	覚醒剤と大麻密輸を幇助した「泳がせ捜査」開始
平成13(2001)年1月 同年4月 同年11月	トワイライトエクスプレス事件発生。後に関与が疑われる 警部に昇任 道警本部生活安全部生活安全特別捜査隊第三班長 覚醒剤使用を始める
平成14(2002)年7月5日 同年7月10日 同年7月31日 同年8月29日	エスの渡部真が札幌北署に出頭、覚醒剤使用を告発する 覚せい剤取締法違反(使用)容疑で逮捕。その後、3件の容疑で再逮捕される 元銃器対策課指導官・片山俊雄が札幌市内の公園で自殺 渡部真が札幌拘置支所内で自殺
平成15(2003)年4月	札幌地裁判決(懲役9年、罰金160万円)確定
平成16(2004)年2月	元釧路方面本部長・原田宏二が道警の裏金を告発
平成23(2011)年9月	刑期満了

恥さらし

北海道警　悪徳刑事の告白

序章

「主文、被告人を懲役九年、罰金一六〇〇万円に処する」

平成十五年（二〇〇三年）四月二十一日、覚醒剤の使用、営利目的所持、銃刀法違反の罪に問われた私、稲葉《いなば》圭昭《よしあき》は、札幌地裁で判決を言い渡されました。被告人席に戻り、裁判長の弾劾が私の耳に響きます。

「薬物犯罪を取り締まるべき立場にあった被告が覚醒剤を自己使用したほか、密売目的で所持し、さらに拳銃を所持したという、いわば前代未聞の事案である」

「幹部警察官による前代未聞の不祥事として、国民に多大な衝撃を与えたばかりでなく、道民の北海道警察に対する信頼、ひいては国民の警察組織全体に対する信頼を著しく失墜させたものであって、その社会的影響も深刻である」

裁判所は何者かが私を銃撃する可能性も考慮したのでしょう、被告人席と傍聴席の間に防弾パネルが設置され、法廷には緊迫した空気が張り詰めていました。その一方で、私の気持ちは自分でも驚くほど平静でした。

二十六年間にわたる警察官人生のなかで、私は数多くの違法行為に手を染めてきました。「捜索差押許可状」(ガサ状)なしの強制捜査、犯意誘発型のおとり捜査、所有者のわからないクビなし拳銃の押収、覚醒剤と大麻の密輸、密売、そして使用。組織ぐるみで行われる違法捜査によって、私の感覚は完全に麻痺し、正と邪の区別がつかなくなってしまったのです。

そして、警察官として、いや、人として許されない一線を越えてしまった。覚醒剤の使用については、今でも消え入りたいほどの恥ずかしさを感じています。しかし、判決の日を境に、ようやく人間らしい感情を取り戻せたと思ったのも正直なところでした。

北海道警察保安課銃器対策室に異動して逮捕されるまでの約八年間、私は常に漠然とした不安に苛《さいな》まれていました。いつ、どういう形で自分と警察組織がなり振りかまわず行ってきた違法捜査が露顕《ろけん》し、そのとき自分はどのように罪を償うのだろうか。

まさか、このままで定年を迎えられるはずがない。そう思いながらも、私の生活はどんどん常軌を逸したものになっていきました。

私は「銃器対策のエース」と呼ばれることもありました。銃器対策課に所属した時代を含め、私が現役の刑事だった頃に押収した拳銃は一〇〇丁を軽く上回ります。警察組織からは何度も表彰され、一〇〇枚以上の賞状をもらいました。そのなかには、警察表彰規則で〈警察職員として多大な功労があると認められる者に対して授与する〉と定められた「賞詞」もあります。しかし、内実を明らかにすれば、それは人に誇れるようなものではありませんでした。

銃器を摘発するためには、暴力団関係者や社会の裏側で生きる人間と付き合わなければなりません。彼らを情報提供者、すなわちエス（スパイの頭文字Sを取ってこう呼ばれます）に仕立てないと、拳銃を押収することなどできないからです。そのためには、彼らと共犯に限りなく近い関係になることが必要不可欠でした。そして、私がどこから拳銃を入手してくるのか、常に上司には報告をしていたので、道警の幹部たちもわかっていたはずです。

それでも北海道警察は、私が手に入れる拳銃に群がりました。定められた拳銃押収のノルマを満たすために、さまざまな道警幹部から、「あと一丁出してくれ」「ウチにも一丁くれ」と声をかけられました。上司たちは、まともな捜査の上で拳銃を押収することを期待していたわけではありません。台所にいるコバエのように、どこからともなく拳銃が涌《わ》いて出てくれれば、それでよかったのです。

所有者のわからないそれは「クビなし拳銃」と呼ばれます。実態は、私が自分で拳銃を用意する自作自演や捏造《ねつぞう》による押収でした。あるときは北見駅の、あるときは札幌の地下鉄大通駅のコインロッカーから拳銃が押収されました。それらは私が情報提供者から入手して、コインロッカーに入れたものでした。こうした行為は、私自身が独自の判断で行ったことではありません。すべて上司からの命令によって、そうしたのです。

また改正された銃刀法の「自首減免規定」を利用して、何丁も拳銃を押収しました。拳銃を持って自首すると罪に問われない、あるいは罪を減軽してもらえるという制度を使い、エスたちを自首させることで北海道警察は拳銃の押収数を水増ししていたのです。

組織ぐるみで行われる銃器捜査のでっち上げは、当初、罪悪感が伴いました。罪の意識に苛まれながらも、私は組織に命じられるままに拳銃を出し続けました。それが私の仕事だと信じてもいました。しかし、あらゆる形で実績を求める上司たちの要求は、徐々にエスカレートしていきます。犯人をでっち上げる違法捜査が平然と展開され、挙げ句の果てには、大量の薬物を日本に流入させるという大失態まで起こしたのです。

平成九年（一九九七年）十一月十四日、道警銃器対策課は「おとり捜査」と称して、拳銃一丁を所持していたロシア人船員を現行犯逮捕しました。しかし、これはこちらから拳銃の購入を持ちかけた犯意誘発型の違法捜査で、法を無視した逮捕劇だったのです。さらに裁判でこの捜査の違法性を弁護士に指摘されると、銃器対策課はそれを隠蔽《いんぺい》するために、私をはじめとした現場の捜査員やエスに法廷で虚偽の証言をさせたのでした（第七章参照）。

また平成十二年四月、道警銃器対策課と函館税関は「泳がせ捜査」の名の下に、莫大な量の薬物密輸に目をつぶりました。拳銃二〇〇丁を摘発させてもらうという約束をエスと交わし、その見返りに一三〇キログラムの覚醒剤と二トンの大麻の密輸を手引きしたのです。覚醒剤は当時一グラム三万円程度で小売りされていたので、末端価格にして約四〇億円になります。しかもこの捜査は途中で頓挫《とんざ》し、道警銃器対策課と函館税関は大量の薬物の流入を見過ごしただけでなく、結局、二〇〇丁の拳銃が押収されることもありませんでした（第八章参照）。

こうした捜査は銃器対策課の課長、そして次席や指導官たちの指揮のもとに展開された、たんなる密輸という犯罪行為でした。私自身もこうした捜査を現場で行うなかで、警察官の本分を見失い、平衡感覚を失っていきました。

拳銃の情報を得るためには、エスたちとどっぷり交わらなくてはなりません。それにはカネが必要でした。飯を食わせなければなりませんし、また食い詰めたエスに生活費を与えることもありました。そういった関係を構築し、維持するために必要な経費を、警察組織が支払うことはほとんどありません。初めのうちは自分で用立てていましたが、いつしか、覚醒剤の密売によって得たカネを経費に充《あ》てるようになりました。自ら覚醒剤を仕入れ、それをエスたちに密売させていたのです。

そんな警察人生にも、やがて破局が訪れます。平成十三年、私は八年間務めた銃器捜査から外されました。私が使っていたエスの引き起こしたトラブルによって、仕事から完全に干されてしまったのです。道警内でもてはやされた過去の実績は帳消しになり、閑職に追いやられた私は自暴自棄になっていきました。そして、覚醒剤に手を出してしまった。

私の腕や足には、無数の注射痕ができました。覚醒剤のもたらす恍惚《こうこつ》に溺《おぼ》れるなかで、薬を体内に流し込むというよりも、針で体を傷つけることが自虐的な快感となっていきました。針を刺しては引き抜いて、また刺す。小さな傷口から血が滲み出てくる様子を眺めながら、「死にたい、死にたい――」と考える。私は、拳銃と覚醒剤と現金が散らばったアジトの部屋で、死ぬことばかりを考えていました。廃人のようになって暮らす日々は、平成十四年七月十日に覚せい剤取締法違反で逮捕されるまで続きました。

私が拘置所で取り調べを受けているときに、元上司の一人が札幌市内の公園で首吊り自殺を遂げました。私の逮捕を機に始まった道警内の内部調査で、その元上司は監察官に相当厳しい事情聴取を受けたと聞いています。組織ぐるみで行われていた異常な違法捜査の全容を把握していた元上司は、すべてを話すよう要求されたのでしょう。死を選んだ本当の理由を、私は知る由もありませんが、彼も道警の拳銃捜査の犠牲者だと思っています。

また、その約ひと月後、私の逮捕のきっかけを作ったエスも、札幌拘置支所内で壮絶な方法をもって自殺します。彼もまた警察組織に利用され、銃器対策課に殺されたといっても過言ではないでしょう。

二人の犠牲者を出した道警の銃器対策課は、あまりに罪深いと言わざるを得ません。

そして迎えた判決の日。

最後に裁判長が私にこう諭しました。

「あなたには、人として、警察官として、大きく道を踏み外した責任を取る必要がある。服役後は、人として恥ずかしくない生き方をしてほしい」

私が行ってきた違法行為の報いはいつ、どういった形でやってくるのか。長年持ち続けてきた漠然とした不安が、裁判長の言葉をかみしめるうちに、氷解していきました。

「これが警察人生の決着か。私がこれまで犯してきた罪の報いが、こういう形でやってきたのか」

私の行った数々の違法捜査はすべて上司に報告した上で、上司の判断によって進められてきたものです。いまだ報いを受けていない私の共犯者たちの多くは定年まで勤め上げ、ある者は北海道警察の幹部として今でも在籍しています。彼らは恥ずかしくないのでしょうか。

　私は自身の裁判で、数人の元上司の実名をあげて、拳銃捜査の実態を証言しました。また、先に述べたおとり捜査や泳がせ捜査など、銃器対策課が行った数々の犯罪行為もあわせて告白しました。それを私の責任転嫁と指摘する人もいましたが、あのときは、あくまで私の罪を裁く法廷だったので、私自身が道警で関与した犯罪行為を述べたにすぎません。ですから、裁判では「今は何も言うまい」と決めていました。道警の組織的犯罪行為を明るみに出すのは、刑期を満了した後でと考えていたからです。


　私は平成二十三年九月二十三日に、懲役九年の刑期を終えました。

　もちろん、私は「警察組織の犠牲になった」などと、被害者面《づら》をするつもりはありません。私は道警銃器対策課で行われた違法捜査の数多くいる実行犯の一人でした。その事実から逃れることはできません。そういう意味で私がこれから記すことは、自らの恥をさらすことに他なりません。

　ただ、体験したことを記すことによって、私が警察という組織にどのような使われ方をしていたのかを知ってほしいのです。そして、警察組織が今後どうあるべきか、判断してほしい。それだけを願っています。

警察は私の人生そのものでした。本書によって、警察人生に決着をつけたいと思います。

第一章　機動隊　柔道特別訓練隊員

柔道との出会い

昭和二十八年（一九五三年）十月、サラブレッドの生産とシシャモの養殖で有名な太平洋に面した小さな港町、北海道沙流郡門別町《さるぐんもんべつちょう》（現日高町）で、私は生まれました。

嘘が嫌いでしつけに厳しい親父と、生真面目《きまじめ》なお袋、そして弟の四人家族でした。親父は林野庁の営林署に勤める公務員で、頻繁に転勤がありました。門別町は私が物心つく前に離れてしまったので、当時の記憶はありません。その後も瀬棚町（現せたな町）、室蘭市、厚沢部町《あつさぶちょう》など道内を転々としました。転校するたびに黒板に名前を書かれて、クラスメイトの前で自己紹介をさせられる。それが嫌で嫌で仕方ありませんでした。

お袋は「勉強しろ」とうるさかったですが、私は言うことをあまり聞かず、もっぱら外で遊ぶ腕白小僧でした。小学生時代を過ごした厚沢部は自然豊かな町で、夏は山菜や魚をとって過ごし、冬はスキーばかりやっていました。陸上で一〇〇メートルや二〇〇メートルを誰よりも速く走っていましたから、体力には自信がありました。何より三歳から父親に仕込まれた柔道のおかげで体格が普通の小学生よりがっちりしていたし、背も高かったので、周りからは一目置かれた存在だったかもしれません。ただガキ大将のようになって、友達を引っ張っていくようなタイプではありませんでした。

中学二年生で転校した倶知安町《くっちゃんちょう》の中学には柔道部があり、そこで本格的に柔道を始めました。二年生の三学期末に札幌まで昇段試験を受けに行くことになり、五人抜きを達成して、その日のうちに初段に認定してもらいました。試験当日に段位を認定されるのは当時では珍しいことだったので、新聞社が取材に来たことを覚えています。その昇段試験の審査委員に、北海道警察学校で柔道の師範を務めていた勝浦忠雄先生がおられました。五人抜きを果たした私に声をかけてくれたのです。

「お前、倶知安か？　俺の田舎も倶知安だ。もう高校は決めたのか？」

柔道ばかりで、勉強はまったくしていなかったので、高校のことはまだ考えていませんでした。そう伝えると勝浦先生は私に、こう言いました。

「北海（高校）にしろ」

勝浦先生との出会いによって、北海道警察へと続く私の進路は決まりました。

札幌市内にある北海高校は全国に名前が轟く柔道の名門校です。当時も北海道大会での優勝回数が一番多い高校で、全国大会の常連校でした。私は柔道やスキーで遊んでばかりいたので受験勉強はしませんでしたが、普通試験を受けて合格しました。まだスポーツの特待生制度がない時代でした。

北海高校に入ってからは、実家を出て高校の寮に入りました。一年生の二学期からは柔道部の監督に誘われて、監督が個人で開いている道場の寮に寝泊まりするようになりました。まさに柔道漬けの生活でした。朝五時に起きて稽古《けいこ》、七時半のバスに乗って高校に行き、授業の終わる十五時半から十八時まで高校の道場で稽古して、寮に戻る。夕飯を食べたら、二十一時まで稽古です。柔道に明け暮れる生活は、今でも思い出すと身震いがするほど厳しいものでした。

北海高校は寝技の強い高校でした。柔道の世界では、立ち技一つを覚えるのに十年かかると言われていますが、監督は「寝技なら三年で覚えられる」というのが持論でした。そのため、徹底的に寝技を教え込まれました。

柔道をやっていると、多くの選手は耳が餃子のように膨らんでいきます。それを「耳に花が咲く」と言いますが、私も高校の柔道部に入ってすぐに両耳に〝花〟が咲きました。畳や相手の柔道着に耳を摺《す》りつけるので、内出血を起こして、自分で自分の耳が見えるほどに腫《は》れあがるのです。腫れたところに針で穴をあけると、真っ黒の血がドロリと流れ出ます。血を抜くと一旦は腫れが収まりますが、一晩経てばまた腫れあがる。先輩が「いい耳になったな」とよく耳を指で弾きにくるのですが、それがもう痛くて痛くて堪《たま》りません。そんなことを繰り返すうちに、耳がカリフラワーのように変形してしまいました。この耳を見れば、柔道をやっていた人間だとすぐにわかります。後に道警に入ってから「潜入捜査」で暴力団関係者と接触する際に、この耳が命取りになりかねない事態を招くことになりました。

北海高校は男子校で、腕に覚えのある不良が集まる高校としても有名でした。今では男女共学になり、すっかり進学校に様変わりしたようですが、当時は血の気の多い、力の有り余っている連中がごろごろいて、他校との喧嘩は絶えませんでした。私はクラスでも一番体力がありましたから、知らない間に番長に祭り上げられ、喧嘩は数えきれないほどやりました。一度、札幌の駅前交番に補導されて中央署の少年課に連れて行かれたこともあります。こんな補導歴があったのに、よく道警は私を採用してくれたものです。

余談になりますが、道警に採用される前には私の家族の周囲にも公安部の人が執拗《しつよう》に訪れたそうです。当時は学生運動が盛んで、共産主義勢力が警察に工作員を潜り込ませようと動いていた時期でしたから、思想調査だったのでしょう。父方の親戚のほうにまで公安が来たとかで、我慢強い親父が「いい加減にしてくれ」と怒ったほどでした。そこまで徹底的に調査をするのに、補導歴までは調べなかったとはいったいどういうことだったのでしょうか。

ともあれ、柔道と喧嘩で忙しい高校生活でしたが、その苦労は報われます。三年生の最後の北海道大会で優勝し、インターハイに出場することができたのです。その結果、全国でベスト8に入りました。その甲斐あってか、私は東洋大学に柔道特待生として入学することができたのです。

大学でも柔道一色の生活でした。四年間の東京暮らしで、行ったことがあるところといえば、板橋にあった寮と大学の道場、練習や試合で行く講道館くらい。東京での生活は、ほかに記憶がないほどです。

大学に入ってすぐに、全日本新人体重別選手権の東京都大会で優勝し、全国で三位に入りました。七人制の団体戦のレギュラーにも入り、大学生活は順調な滑り出しでした。しかし、二年生のとき、選手生命の危機が訪れます。警視庁の道場での稽古中、投げられた拍子に相手がのしかかってきて、足首が音を立てて壊れたのです。靭《じん》帯《たい》が伸びきる重傷でした。医者には「もう柔道は続けられないだろうから、田舎に帰れ」と言われ、私も思いつめて、「北海道に帰ります」と監督に電話して、札幌に戻りました。

この怪我で一年間のほとんどを北海道で過ごすことになります。友人の家に居候して、アルバイトの日々。怪我はなかなか治らず、大学を辞めて就職しようとさえ考えていました。ただ、その友人に「足は悪くても、せっかく大学に入っているんだし、もう一度、東京でやってみろ」と言われ、三年生になってから復帰することにしたのです。

足首は完治せず、三年生のときはよい成績は残せませんでしたが、四年生になると私は柔道部の主将に選ばれました。相変わらず足の調子はよくありませんでしたが、みんなが支えてくれました。この四年生のときの柔道は生涯忘れられません。特に実力が抜きんでた選手はいなかったのですが、全員が一丸となって臨んだ全日本学生柔道優勝大会の団体戦では、強豪の天理大学を破る大金星を挙げ、準優勝することができました。

高校の同級生や大学時代の柔道仲間に恵まれたことが、今の私の人生の支えになっています。八年間服役した千葉刑務所にも大学の柔道部の仲間は面会に来てくれましたし、仮釈放中も刑期を終えてからも、高校の仲間は私の仕事を助けてくれています。

北海道警察への道

私が北海道警察に入ることになったのは、中学二年生のときに受けた昇段試験の審査委員だった道警警察学校の柔道師範、勝浦忠雄先生との出会いがきっかけだったことは先述しました。

学生時代の私は警察官になりたくありませんでした。補導されたこともありましたし、将来は教師になって柔道部の先生になりたかったのです。高校三年生のインターハイが終わったとき、勝浦先生にそう言うと、こう怒鳴りつけられました。

「俺の目の黒いうちは、お前は勝手なことはできないんだよ。いいか、お前は東洋大学に行って、卒業したら道警に入れ！」

その三日後、勝浦先生は道警の柔道場で倒れ、脳溢血で亡くなりました。勝浦先生の「道警に入れ」という言葉は私への遺言となってしまったのです。

東洋大学の監督も道警とは深いつながりがありました。道警の道場で合宿もやっていましたし、卒業生を何人も道警に入れていた。私を推薦した勝浦先生との関係もあって、私が卒業する直前に、改めて監督から道警に入るように勧められました。

「稲葉、あちこちからオファーが来ているが、俺のところで全部断っているからな」

ここまで言われたら、私も断ることはできません。「道警に入るしかない」と気持ちを固めるしかなかったのです。

ただ、大学生活では柔道しかやっていないし、授業も一年生の時に出た必修の授業だけ。警察の採用試験に向けて、何も勉強はしませんでした。それどころか卒業間際になって、ソ連（当時）で開かれるサンボの世界大会に出場しないかと誘われたので、「是非行ってみたい」と練習を始めてしまいました。サンボというのはソ連で開発された格闘技で、柔道と似ている部分があるのです。一ヵ月で体重を一〇キロ減量したときに、そのサンボの大会が道警の採用試験と同じ日だったことに気がつきました。ソ連に行くか、道警の試験を受けるか、さんざん悩みましたが、監督に怒られるという恐怖には勝てず、結局、大会出場はあきらめることにしました。

試験のことはよく覚えていませんが、勉強していないので、ほとんどできなかったはずです。しかし、何の問題もなく、あっさりと採用試験は合格になりました。

当時の道警では、柔道と剣道の有力選手は、成績にかかわらず特別枠で採用されていたようです。私は柔道枠での採用でした。こうした合格者は、試験の点数にかなりの下駄を履かせてもらったはずです。

特別枠で採用されると、一年間の警察学校と交番勤務などでの研修を経て、本部長が指名する特別訓練隊員となります。毎日、道警の道場で練習をして、全国の都道府県警対抗の柔剣道大会で好成績を出すことだけが期待されるのです。私は柔道の特別訓練隊員になることが、あらかじめ決められている〝特別採用〟として、北海道警察に入りました。昭和五十一年（一九七六年）四月のことでした。

すすきの交番

道警に入り、半年間は警察学校での退屈な授業が続きます。その間に最初の結婚をしました。警察官の結婚は一般の人よりも早いと言われますが、私はとくに早かった。子どもを早く育てたいという気持ちがあったからです。なお、その結婚で二人の男児に恵まれましたが、結婚生活は四年で破綻《はたん》して、離婚しました。

警察官としての職業意識に目覚めたのは、札幌中央署の管轄にある「すすきの交番」、正式名称「すすきの警察官派出所」に研修で配置されたのがきっかけでした。関東以北で最大の歓楽街、すすきのには酔っ払いも多ければ、ヤクザも多い。酔っ払いの保護から、毎日のように起こる喧嘩の処理に忙殺されます。駐車違反を取り締まり、時には泥棒（窃盗犯）も逮捕する。逮捕手続きのための書類作りも、すすきの交番で研修をしているときに覚えました。この研修で警察の仕事の全般を経験することができ、警察の仕事にどんどん魅せられていきました。

当時のすすきの交番は、四階建てのビルに警部以下、三、四十人が勤務。三交代で常時十五人が詰めていました。道内で最も大きな派出所で、そこに配置された警官は道警のなかでも一目置かれる存在だったようです。

一日の仕事はパトロールから始まります。北海道警察では、警官が自転車に乗ることは禁じられていたので、パトロールはいつも徒歩でした。一日十時間以上歩き回るので、勤務が終わる頃になるとフラフラになります。今では二人以上での行動が義務付けられ、ミニパトで移動するそうですが、当時は一人でパトロールをすることもしばしばでした。腕力にものを言わせて三、四人を一度に、派出所まで引っ張ってきたこともあります。

交番勤務では、捜査の一端を経験することができました。たとえば、窃盗の現場に行くと、まず雪道に残った足跡を保存して、捜査の手がかりとします。あるいは交番勤務の警察官が窃盗犯を現行犯で取り押さえて、逮捕することもありました。その場合は「現行犯逮捕手続書」を書きます。こうして捜査の流れがわかると、捜査の全体像が見えてきて、一つ一つの仕事の意味がわかっていく。仕事にやりがいを感じるようになりました。「市民の安全を守る」などという偉そうなことを考えていたわけではありません。観光客などに道を教える「地理教示」や喧嘩の仲裁、駐車違反の取り締まり、捜査書類の作成、そのひとつひとつが新鮮でもあり、楽しかった。

仕事にのめり込んでいけばいくほど、早く刑事になりたいと思うようになりました。しかし一方で、その思いが募るにつれて、柔道への情熱は薄らいでいったのです。

柔道特別訓練隊員

翌年四月に、あらかじめ決められていたとおり、柔道特別訓練隊員となり、機動隊に配置されました。機動隊での最初の洗礼が、新隊員訓練です。ヘルメットを装着し、鉄板の入った安全靴をはいて、ジュラルミンの盾を持つ。完全武装したうえで隊列を組んで走らされるのです。昭和五十二年当時はすでに学生運動も下火になってい ました。にもかかわらず、なぜそんな訓練をする必要があるのかとバカバカしくなって、仮病を使って休んだこともあります。派出所勤務でやりがいを感じた警察官の仕事も、配置先が変わればこんなにも違うのかと幻滅しました。

その後は、ひたすら柔道の練習をする毎日です。朝、出勤してすぐ北海道警察学校の道場で稽古を二時間ほど行います。昼飯の後には昼寝をして、十五時頃からまた稽古を二時間行い、一日の勤務が終わる。

大学時代と比べて密度が薄い練習に拍子抜けするとともに、給料をもらう社会人としてこんなことでいいのか、と疑念がうかびます。交番での研修で警察官の仕事に意義を見出したところもあったので、機動隊での生活は苦痛でしかありませんでした。

そもそも、なぜ一介の公務員にすぎない全国の警察官が、柔道や剣道で鎬《しのぎ》を削らなければならないのか。それは各都道府県警のメンツのためでしかありません。警察組織には毎年、「全国警察柔剣道大会」がありますが、そこで優勝するために特練隊員を柔道、剣道漬けにしているだけなのです。アマチュアの社会人アスリートたちは仕事もこなしたうえで練習をしていますが、警察の特練隊員は柔道や剣道だけをやっている。おかしな話です。

それに柔道をやっているだけで、一生飯が食えるわけではありません。道警の警察学校で師範になれるのは一人だけです。多くの特練隊員は三十代後半頃から引退し始め、現場に配置されるのですが、それまで柔道しかしてこなかったので現場では使い物にはなりにくい。そのため、柔道を続けようとして、一つしかない師範のポスト争いが激しくなり、お互いに足を引っ張り合う。先輩たちがポストを得るために苦労している姿を見て、一刻も早く柔道を辞めて、本来の警察の仕事がしたいと考えるようになりました。

警察の柔道大会は団体戦しかありません。私は特練隊員になってからすぐにレギュラーになり、昭和五十三年（一九七八年）の「全国柔剣道大会」で、道警は初優勝を飾ります。このとき、これが一つのけじめになると思いました。学生時代を含めて、初めて全国大会で優勝できたことで、私自身も納得して柔道を辞められます。それに過去三年間、全国大会で私個人は一度も負けたことがありませんでした。無敗のまま引退することが、最高の引き際となると思ったのです。

すぐに警務部にいた師範に掛け合いました。

「柔道を辞めます。刑事にしてください」

師範からは「対外的に困る」と執拗に引きとめられました。しかし、どうしても刑事になりたい私は何度も師範に掛け合った結果、「腰を悪くして辞めることにしてくれ」と了承してもらいました。師範の体面を守って、私は腰痛を理由に柔道に別れを告げたのです。

昭和五十四年（一九七九年）八月、私は晴れて刑事部機動捜査隊に異動し、念願の刑事になることができました。

実はこの異動も組織の面目を重んじる警察組織の性質が色濃くにじみ出ていました。全国の各警察では署や本部の部隊単位対抗の柔剣道大会があり、道警内にも「全道警察柔剣道大会」がありました。これはまさに署長や隊長のメンツをかけた大会です。なかでも機動捜査隊は柔道で毎回上位を争っていて、柔道が強い隊員をほしがっていました。そこで、私が刑事になりたがっているという話を聞いた機動捜査隊の隊長が、根回しをして引き抜いたというわけです。

こうした体面を重んじる警察組織の体質のおかげで、私は刑事になれたと言えるかもしれません。とにかく、このときは魅力を感じない機動隊から出られることと、刑事になれることがうれしくて仕方ありませんでした。ただし後に、私自身が組織の体裁を重んじる警察組織の体質にどっぷりとつかっていき、その呪縛《じゅばく》に苦しめられるようになっていきます。

その最初のきっかけとなるのが、機動捜査隊での仕事でした。

第二章　暴力団捜査

機動捜査隊配属

札幌市西区琴似《ことに》にある北海道警察第三庁舎には当時、道警の実動部隊の本部がすべて入っていました。白バイで走り回る交通機動隊、制服の警官がパトカーで巡回する自動車警ら隊、音楽隊、そして私が配属された機動捜査隊です。

よく自動車警ら隊と機動捜査隊の違いをたずねられますが、自動車警ら隊は制服警察官がパトカーでパトロールをするのが主な仕事で、交番が車で走っているようなものです。それに対して機動捜査隊は、その名の通り捜査部隊です。私服の刑事が覆面パトカーに乗って犯罪捜査をしていると考えてもらえばいいでしょう。捜査対象は犯罪全般に及びます。

道警機動捜査隊は、警視クラスの隊長が一人と警部クラスの副隊長が一人、その下に三班あって、各二十人から三十人、合計で約八十人の隊員が所属していました。日勤、夜勤、非番の三交代制で、隊員がペアになって車に乗り、一日中外を走り回って、捜査に当たります。

学生運動の最盛期だった一九六〇年代、七〇年代初頭に活躍したのは過激派対策のための機動隊や公安警察でしたが、ちょうど私が配属された昭和五十四年（一九七九年）頃から、機動捜査隊が注目を集める部署となっていました。機動捜査隊は機動力を活かした初動捜査を担う実動部隊で、覚醒剤や拳銃の摘発、暴力団同士の抗争など、さまざまな凶悪犯罪と対峙《たいじ》します。

その頃は、全国規模の広域暴力団が台頭し始め、暴力団対策が強化される前夜で、幹部たちの間では、将来の幹部候補生を機動捜査隊で育てようという目論見《もくろみ》があったそうです。つまり、機動捜査隊は生え抜きの刑事を育成するための機関として位置づけられていた。私には柔道を辞めた負い目もありましたし、機動捜査隊に引き抜いてもらった恩に報いようと懸命に仕事しました。

刑事の仕事はよく「お茶汲み三年」と言われますが、それこそ三年間は誰よりも早く出勤し、掃除とお茶汲みをこなしました。上司が出勤する前に、過去の事件の報告書を読みあさって、事件発生時の調書の取り方や、報告書の書き方を覚えていきました。

機動捜査隊の仕事には、とにかくスピードが求められます。たとえば、緊急逮捕をしたときには逮捕状が必要になりますが、そのための一連の手続きを三時間以内に処理しなければなりません。迅速な事務処理能力がないと務まらない仕事なのです。

車で走り回るので、札幌市内の道路も覚えないといけない。一度覚えればそれで終わりというわけではありません。時間帯によって、どの抜け道を使えば早く現場にたどりつけるのか、道路工事はどこでやっているか、そんな細かな情報を頭に入れておく必要がありました。非番の日でも車で市内を走り回って、道路の状況を確認していたものです。

現場の仕事は、ペアを組んでいた先輩刑事のやり方を見て一から覚えました。職務質問ひとつとっても、「不審点を見抜く眼力」を養うための教えがあり、どういったタイミングで声をかけるのか、相手に何を聞くのかなど、いくつかのポイントがあります。先輩にはそういった捜査手法をこと細かに教えてもらいました。

先輩の教えで、今でも自分の信条となっている言葉があります。これは後に私が道警内での拳銃捜査でも常に心がけ、刑事の仕事をするためにはとても大切なことだと、今でも思っていることです。

「機動捜査隊は一一〇番を処理するだけでは、飯は食えない。捜査の協力者を作って、独自に情報を取る。これができなければ、刑事としてはやっていけない」

つまり、暴力団関係者や薬物の売人と人間関係を築き、そこから犯罪に絡む情報を吸い上げるということです。こうした情報提供者をスパイの頭文字Sをとってエスと呼びます。エスをたくさん作ることが、捜査の基本だと教えられたのです。先輩からは、「役所（警察）に自分宛ての密告や相談事の電話が頻繁にかかってくるようになって、一人前だ」とも言われました。当時は携帯電話という便利なものはありませんでしたから。

私はエスを作るために、まずはヤクザの指名手配犯の被疑者を追って、聞き込みを繰り返し、その指名手配犯の知り合いとはほぼ全員と接触しました。さらに、とにかく自分の名前を覚えてもらおうと、名刺を配りまくった。職務質問の後に、「何かあったら電話よこせや」と言って、ヤクザに名刺を渡す。ヤクザだけではありません。水商売関係者や繁華街の店舗経営者など、捜査情報に関係しそうな人間には名刺を配って歩きました。その名刺も目立つように字体を筆書きにしたり、ステッカーにしたり。二つ折りにして、開くとオルゴールが鳴るように工夫したこともあります。

そうすることで、少しずつ本部に私宛ての電話がかかってくるようになりました。そのうち「覚醒剤の常習者を見かけた」、「ヤクザの組長がすすきののクラブにいた」など、情報がどんどん入ってくるようになり、いつしか機動捜査隊の本部には私に対する情報提供の電話が一晩に何十件もかかってくるようになりました。

ただ、協力者が増えても、それだけでうまく事件に結びつくわけではありません。大変だったのは〝ノルマ〟でした。

苛烈なノルマ

警察の仕事にはノルマがついて回ります。どんな事件にも対応する機動捜査隊のノルマは実にさまざまでした。当時は殺人、強盗、傷害、暴行、覚醒剤所持などの罪状と逮捕した相手によって点数が定められ、それが一覧表になっていました。たとえば覚醒剤の所持で逮捕すると、一〇点。それが五グラム以上だとプラス五点。空き巣犯や放火犯などにもそれぞれに点数が割り振られてあり、一ヵ月にペアで三〇点以上挙げることが捜査員には課せられていました。そのノルマに届かないと、超過勤務手当が付かないなどといった罰則がつき、隊員はそのノルマをこなすために目の色を変えて仕事をしているのです。

私もノルマをこなすのが大変で、点数が足りないときなどは、覚醒剤所持で逮捕した容疑者をヤクザということにしてみたり、わざとヤクザに喧嘩を売って、公務執行妨害で逮捕したりしたこともありました。隊員同士の点数の奪い合いも、それは熾烈《しれつ》でした。

あるとき、空き巣の一一〇番通報がありました。現場に急行したら、他の隊員たちも駆けつけてきた。侵入犯の点数は高いので、我先にとその空き巣犯を逮捕しようとするわけです。私がその空き巣犯を後ろから飛びついて取り押さえると、他の隊員も飛びかかってくる。私の足をつかんでいる隊員もいました。みんなで「俺のだ、俺の犯人だ」と奪い合う。その場を制して私がその空き巣犯を自分の車に乗せても、他の隊員は寄ってきて、こう言うのです。

「俺も点数がもらえるはずだ」

捕まった泥棒も驚いたことでしょう。結局、その点数はみんなで分け合うことにしました。

指名手配犯の逮捕も点数が高かったので、なかには居場所がわかっている犯人まで指名手配をかけた刑事がいました。こんな奇妙なことが起こるのも、警察組織の特徴です。

公式の実績数字は各警察署単位で発表されています。機動捜査隊は本部の所属で、初動捜査を行うのが役割ですから、犯人を逮捕すれば、その後の捜査は各警察署に引き継ぎます。そうすると、捜査を引き継いだ警察署の実績になる。どの警察署の管轄内で被疑者を逮捕しても、引き継ぐ警察署を決めるのは機動捜査隊員の裁量に任されていました。

たとえば、中央署の管轄内で逮捕した犯人を、南署に引き継いでも問題ないのです。逆に各署にしてみれば、機動捜査隊員が自分の警察署に被疑者を連れてくることを手ぐすね引いて待っている。そこで各署は機動捜査隊の隊員を抱き込もうとします。双方のメリットを探り、結託するわけです。指名手配がそのいい例でした。

指名手配は各警察署が手続きをします。そこで、機動捜査隊の隊員に署が便宜を図り、居場所がわかっている犯人でも、指名手配の手続きをしてあげるのです。指名手配犯にしてから逮捕して、その署に被疑者を引き渡せば、署も隊員も双方に高い点数が与えられる。まるで〝やらせ〟のようなことをして、ノルマを達成するための偽装工作が行われることもありました。

昭和五十七年（一九八二年）三月、機動捜査隊の隊長に、後に道警の裏金問題を告発した原田宏二さんが就任しました。原田さんはこのとき、機動捜査隊のノルマをなくし、居所がわかっているのに指名手配してから逮捕するような悪習をすべて排除しました。しかし、ついでに「捜索差押許可状」（ガサ状）を取っての捜査も禁止してしまった。これには本当に弱りました。

すでに私はヤクザ組織のなかにかなりのエスをもっていて、そのエスの情報を元にガサをかけて逮捕するという捜査手法を確立していました。逆に言うと、ガサ状が取れないと被疑者の逮捕がままならない。

ガサ状を使った捜査は、ガサ状を取るための手続きもあるし、情報提供者の調書も取らないといけないので、逮捕まで時間がかかります。それが原田さんは気に入らなかったのです。

「外を走り回るのが機捜（機動捜査隊）の仕事だ。ガサなんて機捜の仕事じゃねえ」

原田さんはこう考えていました。私は隊の飲み会のたびに、原田さんに「ガサをさせてくれ」と頼みましたが、原田さんは首を横に振るばかりでした。

「そういう仕事はマル暴（暴力団対策係）がやるんだよ。お前らの仕事は夜間の捜査体制の強化だ。もうノルマの点数は挙げなくていいから、事件が起きたらすぐ現場へ飛んで行け」

この一点張りでした。たしかに理屈はそうなのですが、私としては捜査の手段を失うことになるかなり厳しいものでした。しかも原田さんはその後一年で機動捜査隊から異動してしまったので、ノルマがまた復活したのです。にもかかわらず、ガサ状を取っての捜査はその後も禁止されたままでした。

ガサ状なしの違法捜査

ノルマを達成するために、私は仕方なくガサ状なしでも、確証を持てたら相手の自宅に踏み込むことにしました。これで物証が出なければ、住居侵入罪でこちらが訴えられる可能性もある危険な捜査です。

ある日、エスから「ヤクザが自宅に散弾銃を持っている」という情報が入りました。銃刀法に基づく所持手続きをしていない違法所持でした。そこで、そのヤクザと同棲している女を抱き込むことにしました。その女はヤクザから日常的に暴行を受けていて、よく私のところに相談に来ていたのです。私はその女にこう頼みました。

「お前は先に部屋に入って、その後、俺をなかに入れてくれ」

その部屋に住んでいる女に入れてもらえば、違法な侵入ではないので、ガサ状も必要ない。散弾銃を確認できれば、その場で逮捕できます。

部屋に入ってみると、エスが話していたとおり、散弾銃がありました。私が入ってきたことに驚いたヤクザは慌てて銃を隠そうとする。私はそれを取り上げ、このときは問題なくそのヤクザを銃刀法違反の容疑で現行犯逮捕することができました。

もちろん、こんな簡単な現場ばかりではありません。踏み込んだ後に、肝を冷やしながら覚醒剤を探したこともあります。

あるとき、覚醒剤の売人の部屋に「大量にシャブ（覚醒剤）がある」という情報をエスが知らせてきた。確証は持てなかったのですが、それでも、その男は有名な売人だったので、意を決して自宅に踏み込みました。もちろん、覚醒剤をすぐに見つかるようなところに置いておく売人はいません。しかし、薬物を見つけられなければ、ガサ状なしの違法捜査です。私は部屋のなかのあらゆる物入れから、すべてをひっくり返して家中を捜索し、数時間後、ようやく電気ポットのなかのシャブを探り当てたのです。

こうした法的に根拠のない捜査は、今では厳しく制限されているでしょう。ただ当時の機動捜査隊は、ヤクザや違法薬物の売人に強硬な姿勢で対峙していました。

「本来、警察はガサ状を持って家宅捜索に来るものだが、機捜だけは違う。ヤツらは令状なしでも平気でガサをかける、無茶を恐れないヤツらだ。機捜にだけは逆らってはいけない。機捜に目をつけられたら、俺たちはとにかく耐えるしかないんだ」

機動捜査隊は、ヤクザたちにこう恐れられるような存在でした。

当時、機動捜査隊は繁華街の飲食店などにマッチを配っていました。表に「北海道警察機動捜査隊」、裏には「悪との対決」などと書いてあった。これと同じように、私も名刺の裏に「正義の味方、悪を絶つ」と書いて配ったことがありました。さらに、ステッカー状になっている名刺を作って、飲み屋やサウナ、パチンコ屋など、すすきのの繁華街の至る所に貼った。「稲葉の名刺を貼るとヤクザが来ない」と評判になって、そのうち初めて行く店にも自分の名刺が貼ってあるようになり、いつしか私は、札幌中のヤクザに顔と名前を知られるようになっていきました。

昭和五十年代の後半、世の中は暴力団抗争の全盛期に突入していました。私は暴力団対策を専門とする刑事になりたいと考えたのです。

札幌中央署刑事二課

昭和五十九年（一九八四年）四月、私は巡査部長になって、札幌中央署の刑事第二課暴力犯係に異動になりました。いわゆる〝マル暴〟です。かねてから待ち望んでいた異動で、私は暴力団捜査に専念できるようになったのです。日本有数の大繁華街、すすきのを管轄に持つ中央署は、道警の暴力団対策の最前線でした。のちに中央署だけに暴力団対策課が設置されるほどで、「暴力団対策をやるなら中央署」という認識が刑事たちにはありました。

私がマル暴に入ったのは、ちょうど山口組や稲川会といった広域暴力団が北海道進出を果たした時期です。徐々に地元の暴力団は、広域暴力団の切り崩しにあっていきました。抗争事件が頻発し、朝四時になると、毎日のように非常召集が発せられる。私は抗争事件の捜査をするために、明け方のすすきのを走りまわったものでした。後に私が銃器対策課へ呼ばれたのも、この時代に抗争事件で使用された拳銃を数多く押収したからでしょう。

当時、すすきのの交番の裏に、複数の地元暴力団の事務所が入っているビルがありました。そのビルを中心に、地元の組がすすきのを取り仕切っていた。北海道の地元暴力団には本州のような縄張り意識がなく、同じ暴力団組織内でも、やっているシノギは人によってバラバラでした。各々が勝手に他の組の人間と協力して、覚醒剤や拳銃の密輸などを行っている。組織的なまとまりがなかったため、広域暴力団に対抗できなかったのかもしれません。

まだ私が機動捜査隊にいた昭和五十八年には、こんなことがありました。北海道進出を狙うある広域暴力団が観光バスで地元の様子をうかがいに来たのです。それを機動捜査隊がバスを尾行して監視、地元の暴力団と衝突が起きないように高速道路を封鎖して、暴力団員の宿泊場所だった山奥のホテルに閉じ込めました。そこに本州の暴力団による北海道侵攻を食い止めようと、北海道のヤクザたちが集まってきた。

東京のヤクザは黒スーツに白シャツ、ネクタイをしめて身なりを整えている。それに比べて北海道のヤクザは、顔がばれないように頭にホッカムリをしているのです。その一点だけ見ても、地力の差は明白でした。地元のヤクザは、あろうことか、ホテルに向かって石を投げだした。田舎者根性丸出しで、私は見ていていたたまれない気持ちになり、「おい、もうやめれや……」と、制止したのを覚えています。結局、北海道の地元ヤクザは次々と広域暴力団の傘下に取り込まれていきました。

暴力団の抗争事件

中央署のマル暴で、私が主に手掛けたのは、抗争事件で使用された拳銃の摘発です。暴力団の抗争で発砲事件が起きたら、その拳銃を押収し、犯人を逮捕します。その成果のほとんどは、基本的な捜査をした上で暴力団人脈を活用し、事前に話をつけたものでした。

発砲事件が起きると、まずは暴力団関係者や現役のヤクザから情報を収集します。どの組織がどういう原因で発砲事件に及んだのか、実行したのは誰なのか、事件の全体像を把握して落としどころを探ります。それは大抵、発砲事件を起こした暴力団から使用した拳銃を押収し、被疑者一名を出頭させるというものでした。発砲した側の暴力団幹部に電話で連絡をします。

「来週、ちゃんと道具（拳銃）を用意しておいてくれ」

こう言うと、指定した日に、逮捕される組員が一人、拳銃を携えて待っていました。ときにはヤクザのほうから私に電話してくることもありました。

「（抗争で使った拳銃は）どうしたらいいですか？」

「今回は事務所に置いとけ。今度の火曜日に行くから」

その日に事務所に行けば、約束どおり、拳銃と逮捕される暴力団組員が事務所にいる。現行犯逮捕するだけですから、こんなに手のかからない捜査はありません。

なぜ、ヤクザが素直に拳銃と被疑者を警察に引き渡すのか。そのカラクリはこうです。

発砲事件が起こったにもかかわらず、使用された拳銃を押収することができなければ、警察は本腰を入れて拳銃捜査を行わざるを得ません。使用された銃を押収するため、ヤクザの関係先を片っ端から捜索していくことになる。警察を本気にさせるのは、ヤクザにとってもいいわけがありませんし、警察にとっても大変手間のかかる捜査になります。お互いが疲弊するのを避けるために、事前に落としどころを探るというわけです。拳銃を押収し、被疑者を逮捕することができれば、警察の面目は保たれますし、ヤクザにとっても組織を守ることができます。一般の人からは、警察と暴力団との癒着との批判を受けざるを得ないのが、当時の実態でした。暴力団抗争での拳銃摘発では警察、暴力団とも、互いに合理的に事を進めていたのです。

逮捕する組員は一人、発砲に同行した運転手などの共犯者の罪は問いません。事前に話を詰めておいて、抗争事件にピリオドを打つ。こうした協議は、ヤクザと深い関係を築いた刑事にしかできません。ヤクザとの関係を深めれば深めるほど、抗争事件での拳銃摘発は捗《はかど》るようになります。しかし、それは警察組織内でも後ろめたいことであり、見て見ぬふりをする上司といえども、摘発の方法をせめて形だけでも整えるようにと指摘しました。

それまでの摘発の仕方だと、逮捕状もいらないし、ガサ状も必要ありませんでした。書類がないので捜査に重みがない、と考えた当時の係長が「ガサをかけよう」と言い出したのです。ヤクザ同士の抗争で銃撃が起きると、その組の関係各所を強制捜査することが認められています。そこで、発砲事件が起きると、捜査員五、六人を引き連れ、捜索差押許可状を片手に物々しく事務所に出向くようになりました。ところが、形だけは整えても、やっていることは以前と変わりません。

発砲に及んだ暴力団の組事務所のドアをノックすると、「は〜い」などと気の抜けた声を出して若い組員が応対に出てきます。もちろん、事前に話がついているのです。

「よお、来たぞ。一応、令状を見せるからな」

と言って、ガサ状を見せる。当然、実際にはガサを行うことはありません。

「じゃあ、銃を出してくれ」

「はい、ここにあります」

「よし、じゃあ（警察署に）行くか」

「いや、せっかくですから、お茶でも飲んで行ってくださいよ」

捜査員全員と被疑者で休憩をしてから、組員を逮捕して署に連行する。警察に逮捕される若い組員は、銃刀法違反（不法所持）で一年から一年半の間、刑務所に収容されます。当時は発射罪や加重所持が問われず、今よりも刑が軽かったのです。その間は、組織が家族の面倒を見てやったり、服役している組員のために貯金までしてやったりする暴力団もありました。

ヤクザとの共犯関係

私は機動捜査隊時代から、積極的に暴力団関係者と接触するよう心がけていました。地元のヤクザとの関係は、まずは難癖をつけることから始まります。たとえば、パチンコ屋ではわざとチンピラの隣に座り、挑発します。こちらの挑発に相手が乗っかってくれれば、しめたものです。表に出て、そのヤクザの胸ぐらをつかむ。柔道で鍛えていたので、腕力には自信がありました。万が一、負けるようなことがあれば、逮捕してしまえばいいと考えていましたから、ヤクザよりもタチが悪かったかもしれません。ただ、暴力で威圧することによって、ヤクザは刑事に一目置くようになるものです。最後には自分の身分を告げて、連絡先を伝えます。

「何かあったら電話しろや」

こうすると、大抵のヤクザは私と親しく付き合うようになりました。

また、暴力団員を警察が逮捕すると、必ずその組の幹部が警察署を訪れます。そして、「担当の刑事さんにあいさつをしたい」と、マル暴に顔を出す。暴力団組織の幹部とは、そういった機会に知り合っていきました。

一度、関係を築いたら、付き合いを深めるために、ヤクザの事務所にこちらから出向きます。そうやって接触を繰り返していると、ヤクザもお茶を出してくれるようになり、晩飯まで食わせてくれた事務所もありました。

ヤクザには、義理堅い男もいるものです。あるとき、覚醒剤所持の疑いで、ある暴力団の組事務所に乗り込みました。しかし、その事務所には監視カメラが設置してあり、相手に家宅捜索に来たことをすぐに察知されてしまったのです。私たちが事務所の入り口で若い組員とやり取りをしていると、組長が二階から下の若い組員にむかってカギを投げた。しかし、組員はカギを取り損ねて、それを私たちが手にしました。当然、われわれはこのカギが覚醒剤と関係があると考え、若いヤクザを詰問します。すると、階上から幹部が降りてきて、「お前、なんでカギを取り損ねるんだ」と言って、その若いヤクザを滅多打ちにし始めたのです。

われわれも制止するのですが、その幹部は手を止めません。

「おい、やめろ。やめねえと逮捕するぞ」

私がこう言って、ようやくそのヤクザの幹部はおさまりました。

後にそのカギは覚醒剤が入っていたカバンのカギだとわかったのですが、その場では何のカギだかわからず、捜索は失敗に終わりました。覚醒剤が出ない以上、こちらも引き下がるしかありません。すると、どういうわけか暴力団幹部がこう言いだしたのです。

「いやあ、稲葉の親父、気に入った」

その幹部にしてみれば、目の前で若い組員を殴っているのに逮捕されなかったのは、私が見逃してくれたからだと考えたようです。こちらとしては、覚醒剤所持の疑いで捜索に来たわけですから、暴行事件で立件してもたいした意味はありません。結局、覚醒剤のありかもわからずに撤退したのですが、そのヤクザは私に恩義を深く感じたというわけです。この一件以来、その幹部は別のヤクザたちに「稲葉ってやつはいいやつだ。面倒見もいいぞ」と話して回りました。それ以降、私と面識を持つことを望む暴力団関係者が増えました。

もちろん、ヤクザが純粋に私を慕っていたわけではありません。マル暴の刑事と親しくする背景には、ヤクザなりの思惑があるものです。抗争事件における拳銃摘発の経緯から見ても、それは明らかでしょう。警察の干渉を最低限にするために、話のわかる刑事と日頃から付き合っておくことは、暴力団側にとっても重要なことだったのです。ヤクザにそういった思惑があるからこそ、こちらもヤクザを利用しやすかったと言えるかもしれません。

本州の広域暴力団が北海道に進出してきてからというもの、地元の暴力団は数名ずつ、その広域暴力団に組員を差し出していました。広域暴力団の組員と兄弟分にしてもらって、関係を深めるためです。ところが、広域暴力団の組員になったヤクザは態度がでかくなるようで、それが地元のヤクザたちから恨みを買うことになります。

「あのヤクザの弟分になったあいつが、拳銃を持っていますよ」

私のもとにチンコロ（密告）が数多く寄せられるようになりました。こうしたケースでは、情報をもらってヤクザに借りを作るというより、逆に相手の弱みを握ることができます。どんな社会でもそうでしょうが、とりわけヤクザ社会において、密告をするということは褒められたことではないからです。相手の弱みを握ったうえに、拳銃摘発の実績も上がる。ヤクザとは、常にこちらが優位に立つように、気を配って関係を続けていきました。

ヤクザもこちらが信頼できるかどうかを試してくることがあります。たとえば、あるヤクザは自分の所持している拳銃をわざと私に見せてきました。刑事である私がどういう行動をとるかを、ヤクザはじっと観察しているのです。その場で逮捕するのか、それともあえて見過ごすのか。このヤクザが情報提供者として利用できる男だと判断した場合は、その場では見逃します。拳銃の不法所持を見て見ぬふりをするわけですから、相手もこちらを信用するようになる。ただし、こちらも拳銃を現認しているわけですから、少なくとも上司に何らかの報告をしなければなりません。そのときは、このように報告しました。

「昨日ヤクザが拳銃を見せてきましてね。ただ、その銃はおもちゃだったんですよ」

警察組織には私がどのようなヤクザと付き合っているかを報告しつつ、一方で、そのヤクザの違法行為を見逃す。マル暴の刑事として、ヤクザと密接な関係を築くには、このような微妙な駆け引きが必要でした。それはある意味で、彼らの犯罪行為の片棒を担ぐことでもあったかもしれません。ヤクザと信頼関係を築くためには、どこかで共犯に近い関係にならなければならない。暴力団の捜査には、こういう側面もあったのです。

バブル紳士の身辺警護

暴力団抗争が頻発した昭和六十年（一九八五年）前後は、バブルの絶頂に向かって日本が狂乱していく時代でもありました。実業家のなかには警察庁のキャリアOBを身内に抱え、その威光とカネを使って、現役の警察官に睨《にら》みを利かせる人物も出てきました。私も、そんなバブル紳士の要請を受けて、ボディーガードとしてヤクザを紹介したことがありました。

現役時代に暴力団対策に従事していた元警視監が、ある実業家に伴われて札幌に来ました。その実業家はすすきのに料亭やクラブを出店することを目論んでいたのですが、事業の展開に際して、ボディーガードとなる地元のヤクザを探していたのです。私は中央署の上司と一緒に、まずその元警視監に会い、その実業家を紹介されました。見るからにカネを持っていそうなその男は、私にこう言いました。

「誰か、札幌で私の身辺警護をしてくれるようなヤクザはいないか？」

「私の知り合いのヤクザを紹介します」

「よし、じゃあ、これを渡しておけ」

バブル紳士が私に手渡した現金は一〇〇〇万円。私はヤクザにそのカネを渡して、その男のボディーガードにつけました。それだけではなく、男の経営する企業からは毎月五〇〇万円程度の用心棒代がそのヤクザに支払われました。

ヤクザのシノギを警察官が斡旋《あっせん》する――。こうした行為は警察官にとってあるまじき行為です。今でも大問題になるでしょう。しかし、当時はこのようなことが、警察庁のキャリアOBが関与して行われていたのです。それればかりか、私の上司もこの実業家から一〇〇〇万円もの現金を当たり前のように受け取っていました。私はヤクザと付き合うことが仕事だと思っていましたし、ヤクザから情報を得るためには、シノギを紹介して信頼してもらうことも有効だと考えていました。カネを媒介にして、実業家と警察とヤクザが結びつく。カネが湯水のごとく溢れていたバブル経済の印象深いひとコマです。

こうした経緯などで、ヤクザたちとの関係はより深まっていきました。

「稲葉の親父には偉くなってもらいたい」

いつしかこう言ってくれるヤクザも出てきました。信頼関係を築いたヤクザは惜しみなく情報を提供してくれましたし、自分の仲間も紹介してくれるようになりました。

「親父、大阪から来るヤツがいるんで、紹介します。何かあったときに、親父のためになりますから」

こうして私は、北海道内だけでなく、関東や関西、そして九州の暴力団関係者から電話一本で情報を収集できる間柄になっていきました。ヤクザとの関係が深まっていけば、それだけ拳銃摘発の実績は上がっていき、上司から仕事を任されることが多くなっていきました。

「暴力団の捜査は稲葉なしにはできない」

「何かあったら稲葉を呼べ。電話一本で解決してくれる」

このときの私は、このように言われる刑事になっていて、私もそれにあぐらをかいていました。

そんな私の上昇志向を見透かすかのように、警察組織の私に対する要求はエスカレートしていきます。組織の要求に応えようと、暴力団やその周囲の人間とどっぷり交わっていくにつれ、私には警察官として越えてはならない一線が徐々に見えなくなっていきました。

第三章　クビなし拳銃

注射器を丸ごと食べたヤク中

私が警察官になったばかりの昭和五十年代は、街を歩けば一目で覚醒剤をやっているとわかる人間を見かけ、その多くは違法ゲーム賭博店にたむろしていました。覚醒剤常用者は、単純なゲーム賭博を好む性向があるのです。覚醒剤取り締まり月間になると、私は札幌市内のゲーム賭博店を回りました。大方の常習者の顔は把握していましたから、知っている人間がいたら声をかけます。

「おお、今日は（覚醒剤を）持ってるか？」

「いや、ないですよ」

口では否定しても、顔は真っ青になっている。身体検査をすると、やはり小分けにした覚醒剤が出てきます。仮に持っていなかったとしても、交番に任意同行して尿検査をすれば、ほとんどから陽性反応が出ました。

覚醒剤使用の直前に取り押さえようとしたこともあります。その男は注射器ごと口に放り込んで、証拠隠滅を図ろうとしました。私は被疑者に馬乗りになって吐かせようとしたのですが、手に嚙みついて離さない。「逮捕しないから吐き出せ」と言って、ようやく吐き出させました。昔よく使われていたガラス製の注射器だったので、男も私も血だらけです。今でも左手の指にそのときの傷が残っています。注射器には覚醒剤も入っていたので、飲みこんでいたらおそらく死んでいたでしょう。しかし、約束どおり、私はその男を逮捕しませんでした。

　約束を守ると、私のことを信頼してくれるものです。覚醒剤の取り締まりでも、犯罪者のこうした心理を利用して、エスを作っていきました。

「今日、あそこに覚醒剤が入った」

「あいつは昨日、数グラムを手に入れた」

　いつしか、拳銃だけでなく覚醒剤についても、こうした情報が日常的に入ってくるようになりました。

　目の前の犯罪者を見逃したと言ってしまえばそれまでです。しかし、覚醒剤常用者は売人の情報を持っています。また、売人は密売組織と密接に関わっています。私は末端の人間から情報を吸い上げることで、より大きな組織的密売の摘発を目指していたのです。

　私は数多くの覚醒剤使用者を逮捕し、ときには諭してもきました。覚醒剤を濫用《らんよう》し、身を持ち崩した人間を軽蔑していたことも事実です。覚醒剤を使うことは、人間をやめることと同じです。そのように考えていた私が後に自ら覚醒剤に手を出し、人として許されない一線を踏み越えてしまったことを、心底恥ずかしく思っています。

虚偽調書の作成

これまで述べてきたように、捜査現場ではいろいろな駆け引きがあるものです。ときには脅し、ときには便宜をはかって相手を懐柔することもありましたし、法の一線を越えることもしばしばありました。

あるとき、信頼関係を築いたエスから、大きな覚醒剤取引についての情報が入ってきました。

「稲葉さん、今日、あのマンションの部屋に数百グラムが入ったという話です」

そこはヤクザの住んでいる部屋でした。早速、ガサ状を取って、仲間の刑事と拳銃を携えてそのマンションに急行しました。

そこは複数の覚醒剤常用者が出入りしているマンションでした。このときはガサ状が出ていましたが、普通に令状を見せたところで部屋のカギをすぐに開けるとは限りません。ドアを破るのに手間取っているうちに、覚醒剤をトイレに流されでもしたら、捜査は手詰まりになります。そこで情報を提供してくれたエスを説得して、呼び鈴を鳴らしてもらいました。顔見知りが訪ねてきたわけですから、相手も怪しまずに鍵を開けます。そこで一気に踏み込みました。

部屋に入るなり拳銃を抜いて、「警察だ」と怒鳴りつけた。部屋には二人の男と一人の女がいました。その女は警察組織内でも有名な覚醒剤常用者で、覚醒剤使用を見逃してもらうために警察に密告をする一方で、ヤクザにも取り入って覚醒剤を入手するようなタチの悪い女でした。前々からそのやり口が気に食わなかったので、まずはこの女から追及した。

「お前、シャブ持ってるだろ」

女の身体検査を行いましたが、結局、その女からは覚醒剤は出てきません。そこでリーダー格の男に拳銃を突きつけた。すると、その男がこちらに見えないように、車のキーをもう一人の男に投げたのです。それを見逃すような捜査員はいません。車のキーを押さえた私は、車に覚醒剤が積んであると確信しました。改めて車のガサ状を取って捜索したところ、車のダッシュボードから一〇〇グラムの覚醒剤が出てきました。エスが言ったような数百グラムの覚醒剤は見つかりませんでしたが、ガサをかけた体裁はこれで整ったのです。

ほっと胸をなでおろしたそのときでした。まだ他に隠し持っていた覚醒剤数グラムを男の一人が飲み込んだのです。男の顔からは血の気が引いて、そのまま卒倒しました。急いで病院に運び、胃の洗浄をして一命を取りとめましたが、後味の悪い捜査になってしまいました。

情報提供者から情報を取って、被疑者を逮捕する——。覚醒剤所持に限らず、これが私の最も得意とする手法で、捜査の王道だと今でも思っています。情報提供者と信頼関係を築き、情報を得る。その情報をもとに捜索差押許可状を取得してガサをかける。情報どおりブツが出てきたら逮捕するという、一連の流れはいわば捜査の基本です。私が機動捜査隊に入って刑事になったときに、先輩刑事から叩き込まれた方法でした。

ただしこうしたやり方は、厳密に言えば「虚偽公文書作成」の罪に問われかねない部分があります。なぜなら、最初に情報提供者から情報を得て、ガサ状を申請するとき、そのための書類は刑事が恣意的に作るものだからです。

捜査員が情報提供者から得るのは、口頭での情報だけです。たとえば、「誰が、どこで、覚醒剤を売っている」という漠然とした情報がエスからもたらされます。これを調書にするためには、より厳密な情報を書かなければなりませんが、そこは刑事が適当に作文するのです。

「私、Aは、Bが札幌市中央区南○条西○丁目のビルで、三角形の袋に入った覚醒剤を所持しているのを見ました」

裁判所に捜索差押許可状を申請するときには、具体的にブツを特定する調書が必要です。しかし、この三角形の袋に入った覚醒剤などというものは架空の存在でした。そんなことはガサに入る前にわかるわけがないし、情報提供者がそんな細かいところまで知っているはずがないからです。だから、ガサ状を取るための調書は刑事が適当に作文し、ほかの警察官に調書のサインと指印をしてもらうというわけです。しかし、この虚偽の公文書作成が問題になることはありません。こちらで作文した調書は公判に出てくることはないからです。

つまり、こういうことです。たとえば一〇〇グラムの覚醒剤所持の疑いと調書に書いてガサ状を取り、捜索をしたとします。そこで出てきたのが二〇グラムの覚醒剤だったとすると、これでは調書の内容と量的には食い違う。するとその時点で覚醒剤一〇〇グラムの捜査はいったん終了し、覚醒剤二〇グラムの所持についての捜査が新たに始まることになるのです。一〇〇グラムの覚醒剤については継続捜査の形になりますが、実際に捜査が行われることはありません。後の公判でもこの件についての調書が法廷に出てくることはないのです。

もう一つ例を挙げます。覚せい剤取締法違反容疑で調書を作成し、捜索差押許可状を取ったとしましょう。ガサをかけたところ、その部屋から覚醒剤ではなく拳銃が出れば、そこから銃刀法違反の捜査が始まります。その場で現行犯逮捕して、銃刀法違反で立件するわけですから、公判で覚せい剤取締法違反容疑のガサ状の内容が問われることはありません。つまり警察はその気になれば相手が誰であっても、恣意的にガサをかけられるということなのです（もちろん、裁判所が納得するだけの調書を作成する必要はありますが）。

機動捜査隊に所属していた頃には、ヤクザや薬物の売人など、犯罪行為に加担していることが強く疑われる人物に関しては、車のガサ状をあらかじめ取得しておいて、常に携帯していました。その人物を路上で見つけると、令状を見せてガサをかけます。

「令状もあるから、調べさせてもらうぞ」

相手は何の反論もできずに、車を捜索されるしかありません。大抵の場合、覚醒剤や大麻が出てきました。

虚偽調書による捜索差押許可状取得だけでなく、逮捕した後の調書や報告書でも、事実をごまかしたことがありました。

先述した、ガサ状なしで売人の部屋を捜索し、電気ポットのなかから覚醒剤が出てきた事件でも、その後の報告書は所々で事実をごまかしました。

そもそも逮捕手続書などの捜査書類に令状なしで部屋に踏み込んだとは書けません。事実を書けば、被疑者の弁護士から公判で違法捜査だと指摘されてしまいます。ですから、部屋に入る前に職務質問をしたことにしました。当時の私が書いた報告書は、次のようなものでした。

〈玄関で被疑者に職務質問をして、被疑者の許可を得て部屋に入った。犯人は落ち着きのない態度で、常に電気ポットを気にしていた。「そのポットに何か入っているのか」と尋ねると、「すいません。覚醒剤が入っています」と言った。そのポットを「開けるぞ」と被疑者に確認すると、「どうぞ見てください」と許可を得たので開けたところ、覚醒剤が出てきた。被疑者に「これは何だ」と尋ねると「覚醒剤です」と申告した〉

薬物の密売人が簡単に覚醒剤の所在を捜査員に明かすこともなければ、見つかったブツをすぐに覚醒剤だと認めることもあり得ません。誰がどう見ても不自然な報告書です。被疑者の弁護士には案の定、「令状なしの任意性を逸脱した違法捜査ではないか」と指摘されましたが、その点について裁判ではまったく不問にされました。

暴力的な逮捕

警察や検察の捜査は立件を前提にしているので、捜査側の言い分を押し付けてしまうこともありました。大阪地検特捜部の証拠改竄《かいざん》や、足利事件などでの冤罪《えんざい》が明らかになり、警察や検察に厳しい国民の視線が向けられています。脅迫したり、大声で怒鳴りつけたりして、自白を強要する取り調べが問題になっていますが、捜査員としては確信を持っている被疑者に対しては強圧的な態度をとってしまうこともあったのです。

覚醒剤所持で逮捕したにもかかわらず、こちらの暴行を理由に不起訴になったこともあります。覚醒剤所持の情報提供があって張り込んでいると、ヤクザの乗った不審な自動車が現れました。すぐに車を止めて、そのヤクザに職務質問をかけます。

た。

「お前、ちょっと降りれや」

「俺、何もしてねえよ」

と言うので、車から引きずり下ろし、身体を調べると情報どおり、覚醒剤が出てきた。

「お前、持ってるじゃねえか。ちょっと署まで来い」

連行しようとすると、男は必死の形相で暴れだしました。普通に逮捕することは不可能だったので、顔面を踏みつけて手荒に相手をねじ伏せ、手錠をかけます。後で聞いたところ、実はそのヤクザは、朝に刑務所から出てきたばかりだったそうです。その日のうちに刑務所に逆戻りしたくないし、前科がある分、刑期はさらに長くなるでしょう。必死で暴れる人間には、それなりの理由があるものです。暴れたことが功を奏し、そのヤクザの弁護士がこちらの手荒な逮捕過程を「特別公務員暴行陵虐《りょうぎゃく》罪」と告発したため、結局、その事件は検事が不起訴にしてしまいました。

こちらの捜査のミスで、不起訴になったケースもあります。営利目的で所持している覚醒剤を、公園に隠しているヤクザがいました。これはなかなか知恵を使った隠し場所と言えるでしょう。公園に隠しておけば、万が一見つかったとしても、本人の所有物として立証されにくいからです。そこで、私たち捜査員は公園に張り込み、男が覚醒剤を取りに来て手にしたところを職務質問して取り押さえる計画を立てました。

ところが緊張していたのか、若い捜査員が手順を誤り、その男が覚醒剤を手に取る前に職質をかけてしまったのです。仕方なく張り込んでいた捜査員が一斉に取り囲み、「お前のシャブだろ」と迫りましたが、当然、認めるはずもありません。しかし、ここで取り逃がしてしまうと、この男は今後さらに慎重になるため、逮捕することは絶望的です。私たちは見込み薄ではありましたが、自宅にもガサをかけました。公園に隠すぐらいの知恵があるヤクザですから、やはり自宅からは何も出ません。しかもヤクザがその部屋で暴れ出したので、全員で取り押さえ、ひとまずは公務執行妨害の容疑で署に連行しました。署に連行した後も、ヤクザは頑《かたく》なに覚醒剤が自分のものだとは認めない。埒《らち》があかないと考えた私は、このヤクザの親分のところに話をつけに行きました。

「あいつのシャブに間違いないんだから、認めさせてくれ」

なんとか親分を説得したところ、そのヤクザは親分の命令に従い、取り調べで自分のシャブだと認めました。私はこれで立件できると確信したのです。

ところが検事はこのヤクザを不起訴にしました。実は、ヤクザを取り押さえるときに、捜査員が暴行を加え、その様子を一緒の部屋にいたヤクザの女が聞いていたのです。

「警察官が（男に）暴力をふるって、刑事の一人が『（暴行の証拠になるから）顔はやめろ』と言ったんです」

女が検事にこう生々しく証言したため、検察は起訴する気をなくしたのでしょう。

「そうは言っても、本人も（覚醒剤の所持を）認めてるんですよ」

私がこう訴えると、検事はこのように理由を説明しました。

「もし被疑者が取り調べでの発言を翻して、刑事による暴行があったと主張しだしたらどうする。それに最初は否認してるのに、後からなんで所持を認めたんだと裁判官に聞かれて、親分に容疑を認めるよう命令されたなんて説明できるか。とてもじゃないが、公判は維持できない」

捜査方法が違法だったために不起訴になるケースは、表に出ていないだけで山ほどあります。当時は今のように、警察や検察に対して世間の目はそれほど厳しくはなく、違法捜査がまかり通っていました。インターホンを押して「郵便局です」と言って身分を偽り、ドアを開けさせるようなこともありました。昭和五十年代から六十年代にかけては、こうした暴力的な捜査を見て見ぬふりする時代だったと言えるかもしれません。

北見署への異動

昭和六十三年（一九八八年）十月、北見方面北見警察署に異動。そこで私は刑事課暴力犯係に配置され、主任を拝命しました。

しかし、この異動は不可解なものでした。中央署の刑事二課でマル暴を担当した刑事なら、暴力団抗争のほとんどない北見への異動はあり得ません。普通なら暴力団などの組織対策を担う道警本部捜査第四課に異動になってもおかしくはない。それが北見署への異動ですから、私は相当、落ち込みました。どうやら道警内に私のことを不快に思う人間がいたようです。後で詳述しますが、私は暴力団捜査の手法や実績をめぐって、他の刑事との間にさまざまな軋轢《あつれき》を生み出していました。そうした事情が北見署への〝左遷〟として表れたと考えています。

札幌で勤務していたことを考えれば、北見署への異動は「都落ち」です。すすきのの歓楽街と田舎町とのギャップは大きく、「なんでこんなところに異動させられたんだ」と夜も眠れなくなり、生まれて初めて酒を買って、寝酒を覚えました。ジャック・ダニエルを、毎日キャップ一杯。ちなみに私は酒が飲めないので、これだけで酔っぱらって眠ってしまうのです。

当時の北見署ではまったくと言っていいほど、暴力団関係の仕事はありませんでした。暴力犯係は、警部補の係長が一人、主任の巡査部長二人に巡査が一人の四人編成と小規模です。そもそも刑事課全体で人手が足りておらず、暴力事件以外でも頻繁に呼び出しがかかります。札幌の中央署では暴力事件以外で呼び出されることはなかったので、火事で呼び出されたときには、正直言って何をすればいいのかわからなかったほどでした。

北見では自治体による暴力団追放キャンペーンが効果を上げていて、地元ヤクザの抗争事件は沈静化していました。だからといって、警察が拳銃や薬物の捜査をしなくていいということにはなりません。北見方面では毎年一丁の拳銃押収という努力目標（ノルマ）が定められていました。ただ、納屋を掃除していて戦時中の軍用拳銃がたまたま出てきたことはあっても、暴力団がわざわざ田舎町の北見まで来て拳銃を発砲する道理もなく、一丁を押収するのにも苦労していたのです。拳銃は一丁も摘発できていないし、覚醒剤犯も逮捕できない。そういう事情があったので、着任してしばらくすると、「拳銃を出せないか」と上司から相談がありました。

私はそのとき、札幌で起きた抗争事件で使用された拳銃を、九州の知り合いのヤクザが持っていることをたまたま知っていました。上司から拳銃が一丁も出ていないことについての相談を受けて、私はすぐに九州のヤクザに電話しました。

「北見に異動になって、札幌から離れちゃったんだけど、〝例〟のやつをこっちに持ってきてくれないか」

「わかった。どうすればいい？」

「北見の駅前のホテルに着いたら、電話してくれ」

九州のヤクザは、子分に拳銃を持たせて北見に向かわせてくれました。私はすぐに上司に報告しました。

「今日、拳銃が出ますから」

上司は疑っていました。札幌で暴力団捜査に携わっていた私に頼んではみたものの、半信半疑だったのでしょう。そんな手品みたいなことができるのかという顔をしていました。

九州のヤクザが言ったとおり、予定の時間に拳銃を持った若いヤクザから電話があり、そのヤクザを逮捕して署に連行。上司たちは非常に喜んでいました。ちなみに、逮捕手続書にはこう書きました。

〈ホテルから『不審人物がいる』と電話があり、現場に行って職務質問したところ拳銃を所持していることがわかったので、銃刀法違反容疑で現行犯逮捕した〉

これも虚偽公文書の作成にあたるかもしれません。

その年の北見方面はこれで拳銃一丁押収の努力目標が達成できたものの、年の瀬も押し迫った十二月まで覚醒剤の使用、所持いずれの検挙もゼロでした。いくら暴力団関係者の少ない北見だからといっても、覚醒剤の検挙がゼロで終わると面目は丸つぶれです。警察組織は体面を重んじますから、年末が近づくにつれ、上司たちは焦り始めました。

覚醒剤での検挙をあきらめかけた大晦日、あるホテルから「男たちがロビーで騒いでいる」と通報がありました。現場に行くと、三人の男が明らかに覚醒剤を使用した興奮状態で騒いでいる。よく見ると、全員私の知っている覚醒剤常用者でした。そのうちの一人の男は覚醒剤の作用によって、すでに意識が朦朧《もうろう》としています。とりあえずその男だけを残して、他の二人の男はその場から逃がしました。改めて男の所持品を調べると、覚醒剤が出てきた。まさに滑り込みセーフで実績を上げたのです。十二月末まで覚醒剤で一人も検挙できないなどということは、札幌では考えられないことでした。

そもそも北見方面では、拳銃所持や薬物使用などの犯罪自体が極端に少なかったのです。それでもノルマをこなし、実績を上げるために、北見方面の各警察署は必死で犯罪を探していました。程度の差こそあれ、それは全国どこの警察署でも同じことだったでしょう。警察組織のノルマ至上主義、これが後に「クビなし拳銃」という、組織を挙げた捜査実績の水増しにつながっていきます。

初めての「クビなし拳銃」

北見署に来て二年目の平成元年（一九八九年）もまた、北見方面では年末までに拳銃が一丁も押収できませんでした。

この年の十二月に入る頃、全国で拳銃を挙げていないのが、鳥取県警と北見方面だけでした。さらに十二月中頃に、鳥取県警が拳銃を一丁挙げたと報告があり、北見方面はいよいよ追い込まれたのです。このままでは体裁を保てないと焦った北見方面の幹部たちは、「何としてでも一丁挙げろ」と各署に号令をかけました。

それを受けて北見署では、次長が「今、拳銃を挙げれば表彰されるぞ」と色めき立っていました。当時の署長は捜査四課長あがりで、長らく暴力団対策を経験した人でした。自分のところで拳銃を出せないのは、恥だとでも考えたのでしょう。次長をはじめ、署の幹部たちを叱咤し、その結果、前年に拳銃を出した私は上司の係長とともに、武井義夫刑事防犯担当次長に呼び出されたのです。

「なんとかならないか？」

私は考え込んでしまいました。北見には抗争事件もないし、一年前のように知り合いのヤクザの子分を逮捕する理由も見当たらない。そこでこう答えました。

「『クビなし拳銃』なら、なんとかなります」

「格好つけてられないだろ。『クビなし』でいい。出してくれ」

「クビなし拳銃」とは、被疑者不明のまま拳銃だけを押収することを指します。所有者を特定しないのですから、いくら拳銃を摘発したとしても刑事としては胸を張れるような仕事ではありません。

拳銃に限らず、犯罪捜査の基本は被疑者の身柄を取ることです。当然、捜査は広範囲にわたります。まずは情報提供者から情報を取る。その情報に基づき、捜索令状を取ってガサをかける。拳銃を押収して、所持者を銃刀法違反の容疑で逮捕し、そのうえで入手ルートなどを明らかにしていきます。すでに述べたように、捜査は通常、こういった手順を踏みます。しかし、被疑者を逮捕しなくていいのなら、このような手間をかける必要はありません。拳銃を手に入れさえすれば、それだけで実績になるのです。極端な話をすれば、情報提供者に銃を持ってきてもらったり、自分で銃を買い付けたりすることさえ考えられるでしょう。もちろんそれは違法行為ですが、ごまかし方はいくらでもありました。

「そんな楽をして拳銃を出しても評価なんてされない」

これが真っ当な刑事の発想です。ましてや違法行為にもなりかねないのですから、私も武井次長に「クビなしで本当にいいのか」と確認したのです。

「格好つけてられない」

武井次長はプライドを捨て、警察署のメンツを取りました。北見方面本部がいかに追い込まれていたかを物語っています。

私はすぐに「年次休暇」と「私事旅行願」の書類を提出し、休暇を取りました。あえて個人的理由で旅行をしたということを証明するための届け出です。これは、私が違法行為を犯して拳銃を用意したことが万が一バレても、それは私が勝手にした行為であり、組織ぐるみではないという体裁を作るためでした。こうして私は札幌に向かい、長い付き合いのヤクザに拳銃を一丁くれるよう、依頼しました。

「親父が困っているなら出しましょう。手柄になるんでしょ？」

被疑者のいないクビなし拳銃を押収しても、署の実績にはなりますが、私の実績にはなりません。そんなことを言っても仕方がないので、「そうだ」と応じると、ヤクザはフィリピン製の回転式拳銃を取り出しました。私は拳銃を受け取って北見駅に戻り、指紋をきれいにふき取ってタオルにくるんでから駅のコインロッカーに入れると、その場ですぐに北見署に電話をしました。

「私は暴力団員です。組を離脱するにあたり、拳銃を一丁、北見駅のロッカーに入れました」

北見署から刑事や鑑識が飛んできて、ロッカーから拳銃を押収しました。熱心に指紋を採取し、写真を撮っている何も知らない鑑識たちの姿を見て、いたたまれない気分になりました。結局、この一件で北見方面本部はメンツを保ち、北見署長も表彰された。武井次長から「年次休暇と私事旅行願は取り下げるから」と言われて、私はこの任務を終えたのでした。

数年間も拳銃の実績がゼロだった北見方面本部は、私が赴任してから二年連続で拳銃を押収することができました。事情を知っている幹部が私に、より多くの拳銃を期待するようになっていくのは当然のことだったかもしれません。私自身も「上司に命令されたからには必ず拳銃を出さなければいけない」と考えていました。北見方面のメンツのために拳銃の押収を自作自演したこの一件を、今でこそ愚かなことをしたと振り返っていますが、当時は組織の命令に従うことに疑問を抱いていなかったのです。ただこの一件で、刑事としてのプライドが傷ついたことは確かでした。

このクビなし拳銃の押収は、銃器対策が本格化した平成五年以降、警察庁のお墨付きを得ることになります。それまでは所有者不明のクビなし拳銃を押収することは恥ずべき捜査だったのが、むしろ奨励されるようになったのです。第四章以降で詳しく述べますが、この警察庁の方針転換によって、警察が組織を挙げて〝虚構の捜査〟に邁進《まいしん》していくことになります。

旭川・暴力団員射殺事件

平成二年（一九九〇年）、私は三十六歳で警部補試験に合格し、その年の四月に警部補として旭川方面旭川中央警察署に異動になりました。機動捜査隊に所属したときに隊長だった原田宏二さんが旭川中央署の署長になり、その縁で呼んでもらったと受け取っています。刑事第二課暴力犯係に配置、係長を拝命しました。係長クラスになると十人の部下が付きます。一日も早く札幌に帰りたいという思いもありましたが、係長という中間幹部の職務に慣れるためにも、札幌以外の土地に赴任することもやぶさかではありませんでした。そういった意味で、北見へ異動したときとは違って、この転属には納得していました。

配置されてから一年で、私は地元ヤクザのことは大方の顔と名前を把握しました。旭川で権勢を誇っていたのは広域暴力団傘下の組で、その総長は旭川方面の各署が二十年以上、その動向を監視し、何かあれば逮捕しようとマークしている地元ヤクザの大物でした。

当時、その組の傘下には八団体、二百人以上いましたが、その最大勢力が総長と対立し、内紛に発展していました。そこで、その総長が配下のヤクザに、対立する暴力団の組長の殺害を〝指示〟したのです。

平成三年九月十日午前中のことでした。旭川駅前のメインストリートのはずれにある事務所の二階で行われた組の定例会で、総長から命を受けた部下が二丁拳銃を発砲。対立する組長は重傷を負いながらも難を逃れて近くの専門学校に駆け込みましたが、その場にいた一人のヤクザが頭部に被弾し、射殺されてしまいました。

銃撃があった頃、私は同僚の刑事と車で移動中でした。無線から「発砲事件発生」

と流れてきた。当初、「こんな朝っぱらから、発砲事件なんて……。無線発報の誤作動なんじゃねえのか」などと笑っていたのです。ところが署から正式に「組事務所で発砲事件」と連絡が入った。無線を聞いて、二人で組事務所に駆けつけました。

現場に着くと、ヤクザたちが騒然となっている。群衆をかき分けて現場に入ると、頭を撃たれた男が大の字で転がっていました。頭を撃たれて顔がパンパンに膨れ上がり、すでに誰なのかわからない状態でした。周りのヤクザに聞いても、ヤクザたちは何も言わない。

「おい！　頭（組長）はどこに行った？」

ヤクザたちは、こちらの質問に答えようとしません。騒動に巻き込まれるのを避けるため、事務所から出ていこうとするヤクザもいます。

「おい、お前らじっとしてろ！」

怒鳴りつけても、私と同僚の二人だけでは手がつけられません。そのうちに、救急車とパトカーが来て、現場は混乱を極めます。私はここにいても埒があかないと思い、組長が運ばれた病院に向かいました。

撃たれた男の死亡が確認され、組長はこれから緊急手術という状態でしたが、関係先を聞き込み、旭川中央署は実行犯を全国に指名手配しました。

被疑者の行方をつかむまではかなりの時間がかかりましたが、翌年の初夏には居場所がほぼ特定できました。知人の身辺捜査などから、札幌市東区のアパートを従兄弟の名義で借りていることがわかったのです。そのアパートの向かいの一軒家を不動産屋から借り受け、若い刑事を二人張り込ませました。窓にビデオカメラを設置して、テレビにつなぐ。その映像を二十四時間、交代で監視する。二人の刑事以外に交代要員はおらず、苛酷な張り込みだったでしょう。その苦労が一ヵ月後に実を結び、ようやく犯人の姿を確認することができた。事件から十一ヵ月後の平成四年八月十八日、殺人容疑で被疑者を逮捕。張り込んだ二人の刑事の無精髭を笑いながら、「よくやった」と喜び合ったことを覚えています。

その後の捜査で、私たちは殺人を指示した総長を、共謀共同正犯で立件することを目指し、総長を逮捕しました。ところが、ここから難航します。

総長の指示は、「泥かぶってくれや」というものでした。実行犯のヤクザがその意を汲み取り、犯行に及んだのです。検事に相談すると、「〝殺せ〟という具体的な指示がない以上、起訴は難しいだろう」と。結局、総長はこの件で起訴することができず、実行犯の男だけが懲役十七年の刑に服することになりました。

この事件では、暴力団捜査の難しさを改めて思い知らされました。しかし、現場の刑事としては行方をくらました実行犯を逮捕、起訴できただけでも、それなりの成果だったとも考えられます。また、歴代の先輩刑事が捕らえることのできなかった総長を、私たちが殺人という罪名で逮捕まで漕ぎつけた。後の銃器対策課での異常な拳銃捜査を考えれば、この事件が刑事として捜査らしい捜査をやって成果を上げた、最後の事件となりました。

第四章　銃器対策のエース

銃器対策室の発足

昭和六十年（一九八五年）頃から、広域暴力団が勢力を拡大し、それに伴って全国的に抗争による発砲事件が相次ぎました。平成に入ると、暴力団の抗争事件に加えて、要人を狙った右翼による襲撃事件が発生します。象徴的なのが、平成二年（一九九〇年）に発生した長崎市長の銃撃事件と、中曽根康弘元首相の事務所への発砲事件でした。

右翼の活動活発化を背景に、警察庁は暴力団対策や銃器対策に捜査活動の重点を置くようになっていきました。なかでも、後に「平成の刀狩り」と呼ばれる銃器摘発の流れは、平成四年三月の金丸信氏襲撃事件がひとつのきっかけです。当時、自民党の副総裁として北朝鮮との交渉にあたっていた金丸氏に、右翼団体の男が銃弾三発を発砲。金丸氏に怪我はありませんでしたが、これを機に警察庁は銃器摘発に、よりいっそう力を入れ始めます。

銃器対策は警察庁保安部が担い、その部長だったのが後に警察庁長官になる関口祐《ゆう》弘《こう》氏（故人）でした。関口氏の旗振りのもと、拳銃の摘発を専門とする部署の創設が検討されます。その一翼を担ったのが、各都道府県警の防犯部だったのです。

以上のような流れを受けて、北海道警察でも拳銃摘発部署の創設に向けて、動きが具体的になっていきます。平成三年十月、防犯部の部長となったのが、私が機動捜査隊にいたときの隊長で、旭川中央署時代には署長だった原田宏二さんです。平成四年十一月には豊富町《とよとみちょう》で拳銃一〇丁、機関銃一丁が摘発されるなど、道内においても拳銃の脅威は顕在化していました。

平成五年（一九九三年）四月一日、北海道警察本部防犯部保安課に銃器対策室が発足し、初代室長には若林祐介が着任。私は旭川中央署刑事第二課から道警本部に異動となり、銃器対策室の銃器犯罪第二係長を拝命しました。刑事部から防犯部への配置替えは珍しく、違和感がなかったわけではありません。私は刑事部に所属したまま暴力団捜査を続けたかったという思いもありましたが、それまでにかなりの数の拳銃を押収していたので、その実績を買われての配置だったのでしょう。旭川中央署への異動と同様、今回も原田さんが声をかけてくれたのだと思っていましたし、拳銃摘発の仕事ならこれまで付き合ってきた情報提供者、エスたちも使えます。これまでの実績が評価されたものと前向きにこの異動を捉え、意を新たにして札幌に戻りました。

銃器対策室は当初、捜査を担当する二つの係があり、それぞれ十二、三人の布陣でした。その後、銃器対策室は生活安全部の銃器薬物対策課の管轄となり、平成八年に生活安全部の銃器対策課として独立したセクションとなります。それ以降、銃器対策には課長、次席、指導官を含め四人の幹部が配属され、道警内でも重要なポジションに位置づけられるようになります。

銃器対策室の発足にあたり、防犯部長の原田さんが捜査員にこう命じました。

「情報は必要ならカネで買え！　重点はロシアからの密輸だ。一丁でも多く出せ」

銃器対策は警察庁の肝いりで始められたため、当初は豊富な予算が計上されました。道警にとって銃器対策室は、警察庁からカネを引き出すために期待された部署でもあったということです。拳銃を挙げれば挙げるほど、捜査費が報奨金のように本庁から下りてくる。道警の銃器対策は、当初から異常な雰囲気のなかでスタートしました。

拳銃にも流行《はや》り廃《すた》りがあり、時代によって日本に入ってくる種類は変わっていきます。昭和の時代には、フィリピン製のＣＲＳという銃が主流でした。その後、密造拳銃が広がった時期もありました。海外から入ってきた拳銃を解体して図面に落とし、拳銃を製造していたのです。その後、中国製のトカレフが流行り出します。私が銃器対策室に配属になった頃は、トカレフ全盛の時代でした。

当時、私はすでに北海道に相当数の拳銃が入っていることを情報として聞いていました。

平成元年頃、トカレフを中国から日本に一〇〇〇丁も密輸した人間がいましたが、その男は逮捕されていません。密輸犯たちは中国から一丁数万円で拳銃を買い付け、日本のブローカーに四〇万円で卸していたそうです。それを日本のブローカーたちが、さらに値を上げて密売していました。

私が押収した拳銃もトカレフが多く、平成四年に豊富町で押収された一〇丁の拳銃はすべてがトカレフでした。トカレフの弾は、薬莢《やっきょう》の底から弾丸にかけてボトルネックになっていて、火薬の量が多く、殺傷能力が高い。普通の防弾チョッキでは銃弾を防ぎきれないので、銃器対策室ではトカレフ対応の防弾チョッキが支給されたほどです。

そう言えば物々しく感じられるかもしれませんが、実際には防弾チョッキが役に立ったことはありません。拳銃捜査の目的は、一丁でも多く拳銃を押収することです。実態は、密輸団と渡り合ったり、ヤクザと拳銃を撃ち合ったりするような危険な仕事ではないのです。

「トカレフのようなハンドガン（短銃）を、なんでもいいから、かき集めろ」

これが上層部の指示でした。地道な捜査を積み上げて暴力団の武器庫を摘発するとか、拳銃を持っているとの情報がある人間にガサをかけて逮捕するということをやっていたら、上司の期待に応えることはできません。発足後、押収拳銃の数を思ったように挙げられず、すぐに行き詰まった銃器対策室は、方針を転換します。若林室長をはじめ、幹部たちはこう言いだしたのです。

「クビなし拳銃でもいいから、数を出せ」

クビなし拳銃の摘発が組織内でまかり通った背景には、警察庁の机上の論理があったのでしょう。警察行政としては、被疑者の身柄を取らなくても、拳銃を摘発しさえすれば、相対的に日本から拳銃がなくなるという発想です。

ただし、第三章でも述べたように、現場の刑事はこのようには考えません。捜査の基本は、情報提供者を作り、情報を取ってガサをかけ、被疑者を逮捕することです。被疑者の立件や密輸組織の摘発を目指さず、基本をないがしろにした点で、銃器捜査は出だしから異常な方向に向かっていました。

また、このクビなし拳銃の押収は、現場の捜査員にとって大変危険な捜査手法でもありました。北見署で私が駅のコインロッカーに拳銃を入れて通報したように、道警でもクビなし拳銃による摘発は、銃器対策室ができる以前からありました。

しかし、このクビなし拳銃の押収は、拳銃の所有者を逮捕しないため手軽に見える反面、捜査員が暴力団に〝借り〟を作ってしまう危険があるのです。たとえば暴力団から拳銃を譲り受ける代わりに、別の犯罪を見逃すことなどにつながる危険性がありました。拳銃を押収するために、犯罪行為を見過ごすなど、本末転倒です。

ところが、警察庁は銃器対策を進める上で、クビなし拳銃という捜査手法の違法性から目を背《そむ》け、それどころか、お墨付きを与えてしまいました。それが「自首減免規定」です。

自首減免規定

銃器対策室が発足して四ヵ月後、警察庁は銃刀法を改正して「自首減免規定」を設けました。銃を持っている人間が自首すれば、罪には問われない、あるいは罪を減軽してもらえるという制度です。この自首減免規定を設けたことからも、とにかく銃をかき集めることが警察庁の目的だったことがおわかりだと思います。

ただし自首減免による出頭でも、銃刀法違反として検察庁に送致するので、調書だけは取る必要がありました。どこで手に入れた銃なのか、どんなことに使用したのかなどについて、刑事が取り調べを行います。実際には、自首減免制度ができたからといって、自分から名乗り出て拳銃を差し出してくる人間などいません。実態は刑事が知り合いのヤクザやエスに頼んで自首させた例ばかりでしょう。となれば調書もおのずと虚偽に塗り固められたものになることがほとんどでした。

私もこの自首減免規定を使って拳銃を出すために、多くの暴力団関係者を自首させました。彼らは、大した罪にならないのならばと比較的容易に応じてくれます。もちろん、親密な人間関係があっての話ですが。多くの場合、「自首してもいいが、提出する拳銃を持っていない」と言われます。暴力団関係者であっても、警察に提供できるような拳銃をいつも手元に置いているわけではないのです。

だから、私が銃を用意しなければならなかった。「持っている銃を出して自首しろ」ではなく、「こちらが銃を用意するから、それを持って自首しろ」というわけです。こうしたケースがほとんどですが、当然、「警察のほうで拳銃を用意した」などと調書に書くわけにはいきません。そのため、銃を持って自首するに至る経緯は、刑事がストーリーを作ることになります。

つまり、私たちは架空のでっち上げ捜査をやっていたのです。

たとえばこういう具合でした。自首してくる男はヤクザです。当時、大抵の暴力団では抗争事件などによって、過去に組員が死んでいました。この死んでしまった組員から銃を渡され、保管していたことにするのです。裏付けとして、その組員が死んだ日の新聞を用意して拳銃を包んでおく。死人に口なしなので、誰にも迷惑がかかることはありません。

ただ、私はそうしたストーリーを作るのは苦手でしたから、ほとんどの場合、上司で、当時課長補佐だった下村仁が進んで絵を描いていました。下村は筋書きをつくることにおいては右に出る者はおらず、銃対課随一の創作力がありました。後で詳しく述べますが、銃対が行った主な違法捜査のほとんどは、下村が絵を描いたものでした。

自首させる日取りも、上司と相談して決めていました。拳銃捜査にも交通安全運動と同じように強化月間があり、五月と十月がその月に当たります。上司に「拳銃が手に入りましたが、いつ出しますか」と相談すると、「もうすぐ五月だから、そのときでいい」と言われる。この拳銃は銃対課のロッカーに入れ、強化月間までしまっておきます。逆に上司からは「強化月間なのに、押収数が少ないから、月末までに頼む」などと相談されることもありました。

拳銃を埋めて掘り返す

銃器対策室で初めてクビなし拳銃を押収したのは、異動してすぐの平成五年五月のことでした。拳銃の情報をくれたのは、私のエスのヤクザです。「押収できる拳銃はないか」と相談に行くと、札幌市の真駒内にある青少年会館の敷地内に銃があると言うのです。

「以前、青少年会館の敷地に拳銃を三丁埋めた。まだそのままになっているはずだから、必要だったらそれを出していい」

早速、そのヤクザと部下の数人の捜査員とともに青少年会館に行き、館長に許可をもらって敷地を掘り起こすことにしました。ヤクザが埋めたという場所は裏山の斜面に面したところでしたが、スコップで掘っても見つからない。最後にはショベルカーを持ってきて掘り起こしたのですが、拳銃は出てきませんでした。

「お前……どうすんだ、こんなに掘り起こしたのに出てこなかったじゃないか」

私はヤクザを睨《にら》みつけました。ヤクザはしばらく考え込んで、

「別の拳銃を出すから勘弁してくれ」

と言って、すぐに拳銃を持ってきた。それを掘った穴に埋めて、改めて掘り返したのです。そして拳銃がそこに埋まっていたことを証明するために、青少年会館の館長を呼び、地面から出てきた拳銃を指差してもらって写真を撮りました。

「何年も埋まっていたのに、随分きれいな銃ですね」

館長の疑問ももっともです。何年も前に埋めた銃が、きれいな状態で見つかることなどありえません。館長の的を射た感想に、その場にいた全員が下を向いてしまいました。

このときは自首減免規定ができる前でしたから、銃を提供したヤクザのことは表に出せません。下村がつじつま合わせの報告書をつくって、その場をしのぎました。道警の銃器捜査は、最初からでっち上げばかりだったのです。

それでも上司たちは、拳銃を欲しがりました。クビなしでも、それがたとえ買ってきた銃でも大歓迎でした。署長や方面本部長から直接、私に電話がかかって来ること

もありました。それぞれが拳銃のノルマを課されていたからです。

「俺のところでは、一丁も出てないんだ。なんとかならんか」

こう言われて帯広まで持っていったこともあります。部下の運転する車で向かい、到着すると駅前のコインロッカーに拳銃を入れました。「ヤクザですが……」と帯広署に匿名で電話をして、署の警察官が銃を押収する。それを確認したら、名物の豚丼を食べて札幌に引き返しました。

各署が拳銃を欲しがる理由は、ノルマを達成するためだけではありません。銃器対策室に配属されてから二年近く経った頃に、こんなことがありました。

札幌西署では覚醒剤所持犯や窃盗事件などの検挙で優秀な成績を収め、警察庁長官賞も夢ではない状況にありました。ただし、長官賞をもらうには、拳銃の摘発実績がいま一つだったので、西署から道警本部の幹部に拳銃の押収実績を上げたいと相談がありました。幹部は西署の要求を、そっくりそのまま私に託しました。

「稲葉、西署に何丁か拳銃を出せないか」

親しいヤクザに拳銃を手に入れてほしいと頼むと、しばらくして拳銃二丁をそのヤクザが用意してきました。そして私は別の親しい暴力団関係者を呼び出し、自首減免規定について説明しました。

「この拳銃持って西署に出頭してくれ。心配はいらない。自首すれば、大丈夫だから」

そのヤクザは拳銃二丁を持って西署に出頭。こうして西署は、優秀な成績を認められて警察庁長官賞を受賞したのでした。西署が隠さない限り、その賞状はまだ飾ってあるはずです。

押収量の水増し

私は銃器対策室に異動してから、夜に仕事をするようになりました。暴力団関係者やヤクザ、薬物の売人から情報を取るためには、彼らと同じ時間帯で生活をする必要があったからです。夕方五時に家を出て、暴力団の事務所を回ったり、情報提供者に電話をかけたりして、エスと晩飯を食う。私のように夜に捜査活動をする刑事は他にいなかったので、この頃から同僚の刑事とは組まず、一人で行動するようになりました。本部にも週に何度か顔を出すだけです。夏場はTシャツに短パンで仕事、冬場でもジャージ姿です。初対面の人間は、誰も私を刑事だとは思いません。道警本部を歩いていると、「今日は休みか?」と声をかけられる始末でした。ただ、私は他の刑事の何倍も実績を上げているという自負がありました。

当時の私は、組織から期待をかけられている以上、どんなことをしてでも銃を出さなければならないと考えていました。ヤクザたちとどっぷり付き合い、銃の情報を入手、あるいは拳銃そのものを提供させて、自首させる。成果は、数字という目に見える形で表れました。

当時の銃器対策室で押収した拳銃の半分は、私が関わったものでした。数え切れないほど表彰されました。銃器対策を担った八年間に、私は一〇〇丁を超える拳銃を押収したのです。自分で押収せず、他人に譲った拳銃の数を入れれば、その数はもっと増えるでしょう。

それと同時に、上司からの要求も高くなっていきました。ときには拳銃押収数を水増しするような仕事を頼まれたこともあります。

平成五年の冬に、若林室長に呼ばれ、こう言われました。

「今年の道警の押収数が現状で七八丁。あと一丁で新記録なのだが」

すぐに私は情報提供者に頼んで、キングコブラという拳銃を入手し、地下鉄大通駅のコインロッカーに入れました。これで道警は「新記録」を達成したのでした。こんな「捜査」に何の意味があるのか、今では疑問に思いますが、こうした形で拳銃押収量は水増しされていったのは事実です。

一丁でも多く拳銃を押収しようとすれば、暴力団の内偵をしたり、家宅捜索をしたりという警察本来の捜査だけではとても追いつきません。合法的な捜査では、ほとんど拳銃は出せないと言ってもいいでしょう。

だから、暴力団関係者から譲ってもらった拳銃を、コインロッカーに入れて通報したり、適当な人間にそれを持たせて自首してもらったりするようになります。

ただし、罪にならないからといって、すぐに自首してくれるケースばかりではありません。また、自首に必要な拳銃を用意することはもっと困難です。それでも組織は拳銃の押収数を上げろとプレッシャーをかけてくる。上司の期待に応えるためには、拳銃を持っている人間や、それを持って自首してくれる人間、つまり暴力団関係者と深い関係になるしか方法はありませんでした。

拳銃の奪い合い

平成七年（一九九五年）三月三十日、国松孝次《たかじ》警察庁長官狙撃事件が起こりました。警察庁トップが重傷を負ったこの事件以降、警察庁は威信をかけて銃器対策へ邁進していきます。同年九月には政府に「銃器対策推進本部」が設置され、銃器摘発のための予算の多くは、国費で賄われるようになりました。これによって、全国の警察が拳銃摘発の実績を上げれば、その分だけ警察庁から下りてくる予算が増額されるようになったのです。それに呼応するように、道警の銃器対策部門は平成八年四月に、生活安全部銃器対策課として格上げされました。

この頃、道内のエスからは拳銃を手に入れにくい時期があり、やむなく私は東京のヤクザに拳銃を頼んだことがありました。そのヤクザは快諾してくれて、こう言いました。

「宅配便で送ります」

東京のコンビニエンスストアから道警の銃器対策課宛てに、拳銃を送ろうとしたのです。そのヤクザは挙動不審なところがある男で、コンビニの店員が警察に通報してしまいました。荷物が押収され、警視庁でレントゲンにかけられると、くっきりと拳銃の形が映し出された。すぐに警視庁の銃対課から電話がありました。

「拳銃の宛て先が道警の銃対宛てになっていますが、どうなってるんですか?」

「いや、実は……。説明しづらいんですがね。お宅も銃器対策をやっているんだったら、察していただけますよね?」

「なるほど。それではこの件は不問にします。ところで、計上はどちらにしましょうか?」

つまり、警視庁はこの拳銃を自分のほうで押収したいと言ってきたのです。こちらもそのエスを見逃してもらう以上、断ることはできません。このやり取りを耳にした上司に呼び出され、

「警視庁に拳銃を渡すなんて、何をやってんだ」

と、怒鳴られました。

警視庁も道警も、警察組織全体が予算獲得のために拳銃を一丁でも多く欲しがったのです。

第五章　エス——情報提供者

銃器対策を担うようになってからは、常に拳銃のことが頭を離れないようになりました。この頃から情報提供者＝エスたちとの関係は、徐々に変化していきます。

刑事部で暴力団対策をやっていたときは、あくまで犯罪摘発のために暴力団関係者たちと付き合ってきたつもりです。親しく付き合うが、それはより大きな犯罪行為を摘発するためでした。実際、いくつもの暴力団抗争を解決したという自負もあります。しかし、銃器対策を始めてからは、エスに銃を出してもらうために、さらに親密な付き合いをするようになりました。少しずつ仕事との線引きが曖昧《あいまい》になっていったのです。

捜査費は自腹

北海道警察には捜査費として予算が計上されていましたが、それが末端の捜査員に回ってくることはありませんでした。その事情は、後で述べる道警の裏金問題と密接に関係します。実態として、制服や拳銃など装備品以外に、捜査に必要な備品や、エスとの交際費はすべて自前で用意しなければならなかったのです。機動捜査隊時代に使った名刺などもすべて自費で作ったものでしたし、情報収集のためにエスとコーヒーを飲んだり、食事をしたりするカネもすべて、自腹で賄っていました。毎月だいたい一〇万円から二〇万円の出費になります。

私は酒も飲みませんし、とくに親しくしていた連中も下戸が多かったので、それでもなんとかやりくりはできていました。それに昔は、すすきののクラブなどの飲み屋は警察からカネを取りませんでした。別に便宜供与というわけではありません。用心棒のようなものです。たとえばクラブがオープンすると、その日に店に来てほしいという電話が私に直接かかってきます。オープンの日にはたいてい、ヤクザが様子を見に来て、みかじめ料を取ろうとする。だから私がヤクザに重圧をかけ、追い払うわけです。飲み屋と警察はそんな関係でした。

一日に数人のエスと会って、お茶を飲んだり、飯を食ったりすると、それだけで日に五〇〇〇円から一万円はかかります。羽振りのいいエスの場合はこちらが払わなくてもいいのですが、なかにはカネに困っているエスもいました。たとえば覚醒剤売買の情報を頻繁に教えてくれていた覚醒剤常用者の老婆は、生活保護で暮らしていました。

カネのない連中はすぐに「カネを貸してくれ」と言ってきます。財布の中身の半分を渡すこともありましたし、ときには私がカードローンで借金をして、数百万円を貸したこともありました。エスとの付き合いは、とにかくカネがかかりました。

このカネを惜しむなら本部や署にいて、被害者が警察に駆け込んでくるのを待っていればいい。実際、そういう刑事も多数います。しかし私は、外に出て情報を取ってくることが刑事の仕事だと信じていたので、こうした交際費を自腹で出すことを疑問に思うこともありませんでした。他の刑事から「捜査費を出してほしい」などと声が上がることもなかったので、これが当然のことだと考えていました。

〝裏金〟の通帳

捜査費が末端の捜査員に渡らない一方で、道警には〝裏金〟と呼ばれる資金があったことは確かです。

裏金作りのために、全国の警察組織で領収書の偽造が行われていたことが明らかになっています。警察官に架空の領収書を書かせて、使われたことにしたカネを金庫にプールしておき、異動の際の餞別《せんべつ》などに使用していたのです。もちろん道警もこうした裏金作りを行い、私も架空の領収書作りに加担させられました。

私が道警に入って三、四年経った頃でした。そのとき私は機動捜査隊に所属していましたが、ある上司から「領収書を書け」と言われました。何のことかわからずキョトンとしていると強い口調で「いいから書け」とせかされました。

実際に私が書かされたのは、情報提供者に対しての謝礼の支払いを装うための会計書類でした。現実の場合でもエスへの謝礼は、領収書がもらえないことが多い。領収書が、警察に情報提供したことの証拠になって、後に密告が露呈してしまうことを恐れるからです。だから捜査費は、実際の捜査活動には使えない予算でした。警察はこの仕組みを利用して、裏金を作っていたのです。

上司の指示で、会計書類に架空の人物の名前と金額を書き込み、謝礼の支払いを装います。そして領収書を添付できない理由として、「(情報提供者が)後難を恐れて、領収書の発行を拒否したため」と書き添える。架空の人物の名前や金額はあらかじめ鉛筆で下書きされていて、私はそれをボールペンでなぞるだけでした。その人物がどこの誰なのか私はまったく知りませんが、電話帳から選んだ名前が適当に書かれていたそうです。

私はそれが裏金として道警内のあらゆる部署でプールされていることも知っていました。もちろん、それがおかしなことだとはわかっていましたが、関心を持たないようにしていました。組織のすることに少しでも疑問を投げかけると、上司や同僚からは変人扱いをされましたし、そうなると、仕事を回してもらえなくなる。だから、警察組織はそういうものだと考えるようにしていたのです。

銃器対策課に配置されてからは、「出張旅費」の名目で裏金が私名義の口座に振り込まれてくるようになりました。

ある日、銃対課の次席から、北海道銀行で口座を開くように言われました。すぐに口座を開き、報告すると、

「そこに振り込みがある。金額を書いたメモを渡すから、その金額を下ろしてきて俺に渡せ」

と指示され、言われたとおりにしました。

当時の口座の通帳が手元に残っています。その記録を見ると、毎月のように「北海道警察本部」から一〇万円以上の振り込みがあったことがわかります。振り込みがあってから数日以内に、一〇〇〇円以下の端数を残して引き下ろされています。振り込まれては、下ろして次席に渡す。私が捜査で出張したことにして、そのカネを銃器対策課でプールしていたというわけです。それは私が警部に昇任して、銃器対策課を離

れた平成十三年頃まで続きました。

私の口座には振り込まれる金額が一〇万円以上ありましたが、この金額は他の同僚より多かったようです。私は上司からの信頼が厚く、逆に信頼されていない刑事への振り込み額は少なかったようでした。

いまになって考えれば、振り込まれたカネを戻させて、裏金を作るという方法は不可解です。道警はなぜ、わざわざ証拠の残る口座を作らせたのでしょうか。その背景には平成九年頃から、出張旅費の支払いを会計上、振り込みにするよう制度化されたことがあるようです。それまでは現金の手渡しで、書類に虚偽の記載をすればそれですんだのですが、振り込みになってそれもできなくなった。おそらく道警にとってもやむにやまれず、捜査員に口座を開かせたのでしょう。証拠を残すことを厭《いと》わないほど、予算の裏金化は常態化していたということです。

こうした方法で次席の手元にプールされたカネがどのように使われていたのか、私には知る由もありません。ただ言えるのは、かなりの額が金庫にあったということだけです。銃器対策課の捜査で緊急にまとまった資金が必要になると、その場で次席が鍵を管理する金庫から、数十万円の金が出てきましたから。

ヤクザのエス

銃器対策課に所属していた当時、私が使っていたエスはほとんどが暴力団関係者、裏社会に足を突っ込んで生きている人間たちでした。密接に付き合っているエスも常に十人はいて、親分から、その下まですべて私のエスという暴力団組織もありました。

ヤクザたちは拳銃や覚醒剤を売買するのに、自分の所属している団体だからとか、敵対している団体だからとか、そうしたことにはこだわりません。要は、シノギになればいいのです。道内では、ある組織のヤクザが敵対している団体のヤクザに頼んで拳銃や覚醒剤を売ってもらうことはよくあることでした。ですから、こちらもどの組織のヤクザでも付き合っていましたし、ヤクザだけではなく、生活保護を受けている覚醒剤常用者の老婆や風俗嬢とも付き合って相談を受けたり、面倒をみてきたりしたわけです。

多くは機動捜査隊や中央署のマル暴時代からの付き合いですが、銃対課に配属になってからは、とにかく銃を持って来ることができるエスを探しては取り込んで行きました。私が多くの拳銃を出せたのも、彼らとの深い関係を築いたからでしょう。ただそれは中途半端な関係ではできません。私も頭のなかは完全にヤクザになっていました。言葉遣いも完全にヤクザのそれで、たまに「それは法律違反だ」などと言うと、それを聞いたエスたちが「何、警察みたいなこと言ってるんですか」と驚いていたほどです。

中身の濃い情報を得るには、エスのヤクザたちと共犯に近い関係になるしかありませんでした。中央署時代に企業の社長のボディーガードの仕事をヤクザに紹介するなど、エスたちにシノギを回すこともしばしばありました。シノギを紹介してやることが、エスたちとの関係を深める近道だったのです。

ヤクザたちと親しく付き合っている私を、色眼鏡で見る人間が道警には多くいました。

「稲葉はヤクザたちとつるんで、危ないことをやっている」

こんな噂は日常的に流れていました。後に、自ら覚醒剤の密売に手を染めるのですから、その噂は現実のものとなるのですが。

ただし、自分がどんなエスと付き合っているか、上司への報告は欠かしたことはありません。銃器対策課では平成八年頃から「エス名簿」を作って、組織的にエスを管理し、私はそこにすべてのエスを届け出ていました。その名簿は各捜査員に配付され、いつ、どこで、どのエスと会って、その交際費をどちらが、いくら出したのかを事細かに報告し、上司の決裁を受ける仕組みになっていました。ですから上司たちは私が日々、どのようにエスを運用していたか、つぶさに管理していたのです。

本音を言えばエスについて、警察組織に詳細な情報を報告しても捜査員にいいことはありません。刑事捜査に携わる者同士で、エスの取り合いがあるからです。捜査員同士の関係は微妙なすれ違いでトラブルに発展することもあり、私としては極力、情報提供者たちとの関係は隠したかったのです。

それでも直属の上司たちには、エスとの関係について克明に報告していました。またエスたちからもたらされた情報も逐一、上司に報告し、自分ひとりで抱え込むことはしませんでした。自分の身を守るには、上司へ報告しておくことだけが唯一の手段だったからです。

しかし銃対課の上司たちでさえ、私のことを疑いの目で見ていた節があります。そう確信したのは、平成七年に起きた金庫強奪事件のときでした。

金庫強奪事件

平成七年（一九九五年）二月十九日、札幌市豊平区に住んでいた暴力団組長の家を、宅配便を装った四人の男が襲撃し、六七〇〇万円の入った金庫を強奪して逃走した事件がありました。その事件の主犯格の暴力団幹部とその子分は、私がエスとして使っていた人間でした。犯行に及んだ幹部は、別の事件で過去に服役しているとき、同じ刑務所の服役囚から豊平の暴力団組長が数千万円の現金を金庫にため込んでいると聞き、小樽のヤクザたちに拳銃を用意させて、襲撃したのです。

この事件発生直後に私は、拳銃を持っていた男を銃刀法違反で逮捕しました。ところがあまりにも迅速な逮捕だったので同僚たちからやっかみを買ったのでしょう、道警内で「稲葉は強盗の共犯だった」と言われるようになったのです。

私が強奪事件に関与していたという事実は、天地神明に誓ってありません。私は主犯の人間をエスとして登録していて、銃対の若林祐介室長にすべてを報告し、了解を得た上で、その動きを把握していました。だからこそ、事件発生後すぐに拳銃所持犯を逮捕できたのです。逮捕に際して、私は被疑者の運転する車に一五〇メートルも引きずられ、死ぬ思いまでしています。

　それなのに銃対では、この事件は何か腫れ物にでも触るような雰囲気になっていました。不可解な上司たちの態度の原因を探りあぐねていた私ですが、しばらくして「稲葉共犯説」が流れているのを知りました。

「こんなに早く犯人を見つけ出し、都合よく拳銃所持で逮捕できるのは、稲葉が最初から強盗事件に関わっていたからだ。稲葉が使っていたエスも関与しているようだが、今は行方がわからなくなっている。稲葉に強奪したカネを預けているのではないか」

　この根も葉もない噂には辟易《へきえき》しましたが、刑事部時代からこの手の噂はよく流されていたので気にしませんでした。しかし、上司にも関与を疑われていたかと思うと、悔しくてたまらなかった。自分の潔白を証明するしかないと、私は姿を消したエスを探しまわりました。

　事件から三週間ほど経ったある日、札幌市内のモーテルで、そのエスを発見。すぐに若林銃対室長に報告しました。

「金庫強奪事件の主犯を確保しました。すぐに緊逮（緊急逮捕）しますから」

　しかし、この期《ご》に及んでも若林室長は私がこの事件に関わることを嫌がりました。

「いや、それはもう捜査一課のほうで……」

結局、このエスもすぐに捜査一課に引き渡すことになってしまいました。この事件は私が内偵して、もっとも正確な情報をつかんでいたのに、最後まで上司は私のことを疑って何の捜査もやらせてくれなかったのです。

上司たちは、私がヤクザたちと関係が深くなっていることを「危ない」と考え始めていたのでしょう。一方で上司たちは、拳銃を押収するために私を利用し続けた。こう思うと、今でも悔しさがこみ上げてきます。

第六章　警察庁登録五〇号事件

た。

泳がせ捜査の解禁

国松孝次警察庁長官が狙撃されてから約一ヵ月後の平成七年（一九九五年）四月二十八日、銃刀法の改正案が参議院を通過、六月に施行されました。これ以降、〝泳がせ捜査〟や、おとり捜査で合法的に拳銃を譲り受けることができるようになりました。

泳がせ捜査は、「クリーン・コントロールド・デリバリー」（ＣＣＤ）とも呼ばれます。たとえば覚醒剤や銃器の密輸など違法行為を認知しても、すぐには検挙せずに、犯罪の全貌が明らかになった時点で組織を一網打尽にする捜査方法です。また、拳銃の譲り受けが合法化されたことによって、捜査の途中で相手から拳銃を買い取ることができるようになり、密売組織からの拳銃の購入を装って、より大きな拳銃売買の現場に潜入することが可能になりました。

この泳がせ捜査や潜入捜査を、北海道警察銃器対策課はすぐに取り入れます。そして、その捜査には、私と私の情報提供者、エスたちが深く関与していきました。

全国の銃器対策課の捜査員たちは、誰もがＣＣＤを駆使して拳銃を摘発しようと意気込んでいました。警察組織には、新しい捜査方法が導入されると、それを使って全国で最初に成果を上げようと競い合う風潮がありました。たとえば自首減免規定が導入されたときも各都道府県警が激しく競い合い、結局、千葉県警が最初に自首による拳銃の押収を成功させました。そのとき、道警は二番手に甘んじたのです。そのリベンジというわけでもないでしょうが、ＣＣＤではとにかく全国で一番の摘発を目指そうということになりました。

私は早速、岩下克行というエスに連絡をとりました。これをきっかけに始まった捜査は警察庁に登録され、「警察庁登録五〇号事件」と呼ばれました。

岩下克行というエス

岩下克行はクセのある男で、人を手玉にとることに長《た》けていた。私は岩下をエスとして利用していましたが、岩下のほうも私をはじめ道警を存分に利用していました。それを承知の上で、私も岩下と付き合っていたのです。

岩下は、もともと広域暴力団の傘下だった道北のある暴力団の幹部でした。平成二年、私が旭川中央署の暴力犯係に勤務しているとき、その組が抗争事件を起こします。その抗争の事後処理のために私が組事務所の家宅捜索に行ったときでした。岩下のほうから私に声をかけてきたのです。私はすっかり忘れていたのですが、岩下によると、札幌中央署時代に私は岩下に会っていたそうです。

すすきのにヤクザの事務所が集まっているビルがありました。そのビルのエレベーターで岩下とその仲間と一緒になったそうで、そのとき私は二人に喧嘩を売ったらしいのです。「そんなこともあったか」とそれ以来、付き合いが始まりました。岩下は組と警察との折衝役として立ちまわっていたので、頻繁に旭川中央署にもやってきました。

私が銃器対策室に異動となって札幌に戻ってからは、しばらく連絡は途絶えていましたが、ある日、休みの日に車に乗っていると、岩下とばったり出会いました。私が声をかけると岩下は、こう言いました。

「実はヤクザからは足を洗って、食品を販売する仕事を始めたんです。でも資金に困っていて」

そして、数百万円の借金の保証人になってほしいと頼んできたのです。

「保証人になるのは嫌だから、カードで貸してやる」

私は銀行のカードローンで五〇〇万円を借りて、岩下に貸してやりました。この食品販売の話は後に嘘だとわかりましたが、岩下は私に毎月返済して、この借金を踏み倒すことはありませんでした。

カネを貸したことで、岩下との付き合いが再び始まり、銃器捜査の仕事を手伝ってもらうようになりました。平成六年には岩下に頼んで機関銃を出してもらい、地下鉄大通駅にあるコインロッカーに入れたこともあります。ヤクザから足を洗ったと言っていた岩下でしたが、どうやら円満に組を抜けたようで、岩下の暴力団人脈は銃対課としても魅力でした。拳銃を出すルートを豊富に持っていたのです。

犯意誘発型でスタート

おとり捜査がやりやすくなって以降、銃対課は捜査に使えるネタ探しに着手しました。密売組織に入り込むことができれば、大量の拳銃を押収できるでしょう。そうすれば、道警の評価も上がります。

私は岩下を喫茶店に呼び出して相談しました。

「なんかいい話はないか。探してくれ」

「東京の浅草に知り合いのヤクザがいる。そいつに話してみる」

しばらくして、岩下から連絡が入りました。

「浅草に適当なヤクザが見つかった。そいつから銃を買い取ってみるか」

すぐに私は上司の下村仁に報告しました。

「それは、いいな」と言って、下村はすぐに報告書を書き始めた。その報告書を見た当時の銃器対策課長、小塚正雄は部長に報告し、本部長が決裁して警察庁に報告しました。その報告を受けた警察庁は、警察庁指定の登録事件に認定します。ここから「警察庁登録五〇号事件」として、大掛かりな潜入捜査が始まったのです。

警察庁の登録事件とは、県の管轄をまたいで集中的に捜査を行う必要があり、なおかつ重要案件の場合に指定されます。広域捜査となるので、管轄が円滑に情報を共有できるよう、事前に警察庁が登録し、予算も別枠で設定されているようでした。五〇号事件の場合は関東地方で拳銃を摘発することを目指したので、警察庁の指揮のもと、警視庁、千葉県警、そして道警の各銃対課との合同捜査が展開されたのです。

しかし、私が下村に報告した情報は、警察庁の登録事件に指定されるほどの情報ではありませんでした。事件のストーリーを作った下村がどのような報告書を書いたか知る由もありませんが、浅草のヤクザから売り込みのあった拳銃を購入し、その密売ルートを探るといった内容だったはずです。それをなぜ重要案件を扱う警察庁が裏付け捜査を命じることなく、登録事件に指定したかは、今もって謎のままです。

しかも、この捜査は最初から問題がありました。おとり捜査は被疑者のほうから違法拳銃の売り込みがある「機会提供型」のみが合法として認められています。しかし、私たちがやろうとしていることは、こちら側から「拳銃を売ってくれないか」と売買を依頼する「犯意誘発型」でした。最高裁判例では、犯意誘発型のおとり捜査は違法とされていました。こちらが声をかけなければ、犯罪行為は行われないのですから、この判断は妥当でしょう。もちろん、このことは私も下村も承知していました。だから私はこの捜査が上層部から許可されるのか、半信半疑ではあったのですが、下村はいつものようにそれらしいストーリーを作って、合法の捜査として報告書にまとめてしまったのでしょう。事件は振り出しから犯意誘発型という問題を抱えてスタートしてしまいました。

平成八年（一九九六年）に入って、拳銃の購入を調整していた岩下から連絡が入りました。

「浅草のヤクザとの話は頓挫してしまったが、知り合いの関東のヤクザに声をかけたら、乗ってきた。もう拳銃も用意している」

その関東のヤクザは岩下の兄弟分で、カネに困って拳銃を用意したということでした。

「いくらで売ると言っている？」

「一丁四〇万円と言っている」

当時の銃対課長の小塚に報告すると、すぐに決裁が下りました。

出発前に当時の次席にカネをもらいに行くと、三〇〇万円を渡されました。捜査費としてこんなにも多くのカネが出たのは初めてで、正直驚きました。ただ、そのとき次席が余計なことを言ったのです。

「（拳銃の代金を）少し、まけてもらえよ」

上司なら本来「気をつけて行って来い」と、現場の捜査員を励ますものです。この次席はカラオケを歌っているだけならいい人なのですが、拳銃捜査の現場の気持ちなど、少しもわかっていなかったのでしょう。警察官の身分を偽って、暴力団と接触し、拳銃を購入するのです。万が一、身分がバレたら、殺されるかもしれない危険な捜査でした。その心ない言葉に内心、「こっちは命がけで行くのに」と情けなく思いました。

これまで数多くの暴力団捜査を手がけてきましたが、潜入捜査は初めてのことだったので、入念に準備をしました。相手にこちらの素性が割れたらどういうことになるのか。報復のために、先々まで命を狙われることになるかもしれません。絶対に失敗は許されなかったのです。そこで私は知り合いのヤクザに頼んで、札束が大量に入る財布と、なかに入っていた五〇〇万円を〝見せ金〟としてそのまま借りました。ヤクザの腕にはロレックスの時計があったので、それも借り、ヤクザが身につけている装飾品を全部、引《ひ》っ剝《ぱ》がしてヤクザに扮しました。

岩下とともに東京に着くと、警視庁と千葉県警の銃対課と合流。立件した場合にそなえての証拠保全のため、ビデオとピンマイクなどの機材が用意されており、準備万端で拳銃取引の現場に向かいました。

拳銃の取引現場

最初の取引は平成八年八月に行われました。岩下は、関東のヤクザと両国国技館近くのホテルの一室で会う約束をしていて、私は岩下に従うヤクザの若い衆という設定で、取引現場に立ち会うことになっています。ホテルの部屋にはごく小さいビデオカメラとピンマイクを見つからないように仕込み、隣の部屋から警視庁の捜査員と上司の下村が状況を見守っていました。

そこに関東のヤクザが、千葉県警の捜査員に尾行されているとも知らずに、拳銃を携えて訪れる。私は丁重に迎え、部屋へ案内します。ヤクザは紙袋に入れたトカレフを、こちらに差し出しました。トカレフを品定めして、岩下に伝える。

「本物です。（買っても）いいんじゃないでしょうか」

「そうか」

そう言うと、岩下は格好つけて、そのヤクザに一〇万円をポンと渡した。

「車代だ。とっとけ。おい、カネ」

岩下は私に、拳銃代を渡すように促します。私は警察から渡された三〇〇万円が入った財布からカネを出し、ヤクザに渡しました。

初めて経験する潜入捜査です。これまで数多くの暴力団関係者と接触してきた私も、このときばかりは緊張しました。部屋の至るところに隠しカメラが仕込まれており、私の胸にもピンマイクが付けられている。取引の様子は、下村や警視庁の人間が隣の部屋で監視しています。それを相手に悟られまいと意識すると、また緊張感が増しました。冷房が効いた部屋なのに、脇の下に汗が滲《にじ》む。

拳銃売買の場数を踏んでいる岩下のおかげで取引は順調に進んでいたかに見えまし

たが、途中から雲行きが怪しくなっていきました。関東のヤクザは、柔道の稽古で腫れあがった私の耳の形が気になったようです。

「おい、こいつの耳は柔道をやっている人間の耳だ。お前、柔道をやってたのか？」

私のことを暴力団関係者ではないと疑い始めたようでした。そのヤクザは持っていた拳銃を私に突きつけた。

「警察にしか、そんな耳のヤツはいない」

ヤクザが撃鉄を起こします。大抵のことには動じない私ですが、このときは心底、肝を冷やしました。撃ち殺されるかもしれない――。

絶体絶命の危機から救ったのは、岩下の機転でした。

「こいつは学生時代にレスリングやってたんだよ」

こんな嘘を瞬時に思いつくのが岩下の特徴です。岩下には何度も騙《だま》されましたが、このときばかりは感謝しました。関東のヤクザもその言葉に納得したようで、私たちはなんとか取引を終えることができました。

私たちの拳銃取引は平成八年と平成九年の二回にわたり、最終的に拳銃七、八丁を関東のヤクザから購入しました。

二回目の拳銃取引が終わった後、岩下がその拳銃の出どころをつかんできました。ヤクザたちは、拳銃を隠す場所を隠語で〝倉庫〟と呼んでいます。大抵のヤクザは拳銃を数丁持つと、関係をたどられないように一見、無関係な場所に隠します。そのときは拳銃を隠している〝倉庫〟が、ある一般人のアパートだとわかり、岩下はその電話番号までつかんできました。さらに岩下はこれとは別に約八〇〇丁のロッシーが日本に入っていたという情報ももたらし、その〝倉庫〟になっている人物の携帯電話の番号も入手してきました。

「この捜査がうまくいったら、ロレックスを買ってくださいよ」

岩下は自信満々にこう言いました。私も銃対課も、そして警察庁も岩下が入手してくる情報に魅せられていきました。潜入捜査で数百丁のロッシーを摘発することができたら——そう考えると、捜査に、より一層の力が入りました。

ロッシーの密輸ルート

ロッシーは、ブラジル製の三十八口径回転式拳銃です。平成五年に発生した旧阪和銀行の副頭取射殺事件に使用されたこともあります。

ロッシーの日本国内への密輸ルートは平成七年頃に相次いで発覚しました。マグロ遠洋漁業の漁師たちが、南アフリカの港湾都市、ケープタウンで大量のロッシーを購入し、日本国内に持ち込んでいたのです。ちなみにこの犯人の一人とは、服役した千葉刑務所で一緒だったこともあります。

このとき日本国内に流れ込んだロッシーについては、警視庁の捜査員がケープタウンまで行き、製造番号を控えているはずです。今でもたまにロッシーが摘発されたことが新聞の片隅に載りますが、その多くはどこにあるのか、いまだにわかっていません。

警察庁は岩下の情報を頼りにこのロッシーも大量に押収しようと計画しました。ところが、結局、この捜査に道警は絡むことができませんでした。警察庁が最終的に捜査を警視庁に委ねることにしてしまったのです。

これは当時、岩下から聞いた話ですが、ロッシーの保管に、警視庁が運用していたエスが絡んでいたようだということでした。

私のなかではまだまだ捜査を続けたい思いがありましたが、道警の銃対課にも正式に警察庁から要請があり、私は資料をすべて警視庁に渡して役目を終えました。

その後、警視庁が大規模にロッシーを摘発したという話は聞きません。下村に尋ねても「わからない」と言うばかり。直接、警視庁の知り合いの刑事に問い合わせましたが、「ちゃんとやりますから」と言ったきり、事件に進展はありませんでした。

私たちは二回の取引で、一丁四〇万円、計三〇〇万円以上の資金を投じて拳銃を手に入れましたが、結局、「五〇号事件」は、警察庁から「これ以上拳銃を買いつけて、どうするんだ」とのクレームも入り、完全に打ち切りとなってしまいました。この捜査で道警が入手した拳銃は所有者不明のまま押収されたことになり、時効になるまで道警本部の証拠品庫に保管されることになりました。

究極の捜査手法

初めての潜入捜査はこうして打ち切られましたが、私はこの捜査手法の魅力に取り憑かれました。潜入捜査をやれば、覚醒剤にせよ、拳銃にせよ、密売組織ごと摘発できると実感したのです。密輸組織やルートの全容を解明し、大量にブツを押収するために最も効果的なのが、潜入捜査や泳がせ捜査だと思います。

情報を取ってガサをかけるという、昔ながらの基本の捜査では、どうしても越えられない壁があります。ガサをかけても一〇〇回のうち一回でも拳銃が出ればいいほうでたし、実際に私が銃対にいた八年間で、ガサ状を取って拳銃が出たのは二度だけです。あとはすべて、所有者がわからない拳銃を押収するか、自首減免規定を利用して自首させるといったような、本来の捜査とはかけ離れたものばかりで、拳銃をこちらで用意して自作自演したことも数多くあります。

家宅捜索をして拳銃を摘発しようとしても、その情報が相手に筒抜けになっていることもあります。警察組織ではある程度は情報が共有されていて、他の刑事が使っているエスからガサの情報が漏れてしまうのです。銃対課のなかにも三係あり、一係が追いかけている人間が、二係の刑事が使っているエスというケースもあります。一係の動きを察知した二係の刑事が、そのエスに「警察が動いているから気をつけろ」と電話を入れると、事前に証拠品を隠してしまう。そうなるとガサをかけても、ブツが出てくることはありません。情報をエスに流した刑事は相手に恩を売り、また別の情報をもらうというわけです。

エスたちもそのあたりはしたたかで、自分の覚醒剤密売や拳銃売買といったシノギを守り、あるときはお目こぼしをしてもらうために刑事と付き合い、捜査に協力しているわけです。私が抱えていたエスも、他の刑事から常に狙われている立場にありました。自分で覚醒剤をやっていたり、売買していたり、拳銃を持っていたり。エスは周囲で不審なことが起こると、すぐに関係の深い刑事に電話をします。

「俺のことを嗅《か》ぎまわっている刑事がいるか？」

こちらも、役に立つエスであれば警察の動きを教えることもあります。とくに捜査情報がなくても「気をつけろ」などと言って、恩を売ることもしました。

こうして多くの場合、拳銃を持っている人間に狙いを定めて家宅捜索で銃を押収しようとしても、事前に捜査情報が漏れることがあり、思うようにいかなかったのです。

そういう事情があったので、泳がせ捜査という新たに認められた捜査方法に私個人が引き付けられるのは刑事として自然な感覚だったと思います。また、銃対課としても魅力のある捜査方法だったことは間違いありません。

とくに成果の上がらなかった五〇号事件でしたが、協力した岩下には、希望どおりに銃対課からロレックスの腕時計が贈られました。下村仁の知り合いのパチンコ屋の社長に頼んで、ディスカウントのものを買ったのですが、それでも結構な値段だったのを覚えています。この費用も、銃対課の裏金から出てきたものです。

捜査の打ち切りに肩を落としていた私を、当時の次席で後に薬物対策課長になる脇田雄二が、こう慰めてくれました。

「稲ちゃん（私は上司たちにこう呼ばれていました）、小さくなって歩くことないからな。五〇号事件で獲得した予算は生活安全部の各課に配分されて、みんな潤ったんだから」

特段の成果は上げられなかったこの拳銃捜査にも、破格の予算が警察庁から道警に下ろされていたようです。一円でも多くの予算を獲得するために、銃器対策課はより多くの拳銃を押収できる事件を、さらに貪欲《どんよく》に求めるようになっていきました。

第七章 違法捜査

渡部真との出会い

最も親密に付き合ったエスが、どうして最後に私を裏切ったのか、今でもその理由はわかりません。

そのエスは渡部真といいます。平成十四年（二〇〇二年）七月、真は北海道警札幌北署に自ら出頭し、覚醒剤の所持で逮捕されました。そして、札幌地裁の勾留尋問で私の覚醒剤所持や使用を告発したのです。真の告発によって、私は七月十日、逮捕されることになりました。

なぜこのような行動に及んだのか。しかし、真にその理由を質《ただ》すことはもうできません。同年八月二十九日、真が札幌拘置支所で自殺を遂げたからです。私を告発した理由ばかりでなく、真がどうして自殺したのかもわかりません。ただ私には真を恨《うら》む気持ちはまったくありません。私にとって真は、よく働いてくれた大切なエスでしたし、弟のような存在でした。

真は平成五年（一九九三年）に覚醒剤の所持で一度逮捕され、三年近く服役していました。私が真と知り合ったのは、真が出所してすぐの平成八年のことでした。

すすきのにあるヤクザばかりが住んでいるマンションの隣に、人のいいマスターが経営する喫茶店がありました。私はそこによく出入りしていて、マスターと懇意にしていましたが、真もそのマスターとは長い付き合いでした。ある日、マスターから「渡部真という男を知っているか」と相談を持ちかけられました。

「この前、仮釈放で刑務所から出てきた男で、保護観察中だけど、何か仕事をしたいと言っている。探してやってくれないか」

マスターの紹介で後日、真と会いました。真は過去に私と会ったことがあると言っていましたが、私にはまったく記憶がありませんでした。背が高くチャラチャラしている印象で、旭川にある工業高等専門学校の出身だと言っていた。中退したそうですが、それなりに頭のいい男だと思ったのが最初の印象でした。ただ真に紹介してやる仕事は、当時の私にはありませんでした。しばらくして真は仕事を自分で見つけてきました。小樽の中古車販売業で働き始めたのです。

真はパソコンの知識も豊富で、営業も上手にこなしました。小樽には頻繁にロシア船が往来し、中古車を買い付けていました。そこで、真はロシア語も半年である程度覚え、ロシア人相手に商売をするようになったのです。大した奴だと思います。真は客のロシア人や、中古車屋で働くパキスタン人と仲良く付き合うようになり、順調に仕事を増やしていきました。

当時、小樽は中古車の売買だけでなく、ロシア人マフィアによる拳銃の密輸や、パキスタン人による盗難車の輸出が盛んに行われ、道警も常に監視していました。銃対課の私としても、ロシアからの拳銃の密輸情報を少しでも摑《つか》みたいと思っていました。そこで真に声をかけたのです。

「中古車の仕事してるんだったら、俺のスパイになれ」

「いいですよ」

と真は二つ返事で承諾しました。

「シャブでも拳銃でもなんでも持ってこい。とくに拳銃が出たら、カネをやるからな」

こうして、真との親密な付き合いが始まりました。

「ビッグになりたい」

それからは頻繁に真から電話が来るようになり、毎日のように喫茶店で会って、コーヒーを飲んでいました。

真は昭和三十七年（一九六二年）生まれで、私とは十歳近く年の離れた弟分のような関係でした。昔、すすきののディスコでＤＪをやっていたそうで、その方面ではけっこう名前が通っていたようです。私と付き合い始めた頃も、すすきので若い女性から声をかけられては、得意げにしていました。中古車販売業を始めてからも、ブランドのコピー商品を売ったり、カレー屋を始めたりと、器用で能力のある男だと感心したものです。もちろん、エスとしてもよく働いてくれて、拳銃の情報もたびたび持ってきました。

真はパトカーが好きで、とくに覆面パトカーに異常なほどに興味を持っていました。当時、銃器対策課が使用していた覆面パトカーは四ドアのレガシーでしたが、真もそれを真似して自分のレガシーに赤灯をつけたり、無線を積んだりして、警察車両のようにしていました。その趣味は私には理解できませんでしたが、警察にあこがれがあったようです。一度、覆面パトカーに乗せているときに赤灯をつけて緊急走行したことがありましたが、真は隣で異常にはしゃいでいました。そんな子どもっぽい一面もありました。

真は酒を飲みませんでしたし、覚醒剤もやりませんでした。ただ知り合いの看護師から向精神薬のハルシオンを大量にもらっていて、まるでピーナッツを齧《かじ》るように常用していました。一度はハルシオンの飲み過ぎで集中治療室にかつぎ込まれたこともあるそうです。また、ハルシオンを飲んで酩酊状態にあるときに女を口説いて、一緒に住むことになったそうですが、そのことも「まったく記憶にない」と言っていました。

「気がつくとマンションに家具がそろっていて、そこに女と住んでいたんです。マンションも、契約書を見ると、自分が手続きをしたことになっていましたが、引っ越しをいつしたのか、家具をどうやってそろえたのかさえ、まったく思い出せません」

真はハルシオンの常用で、意識が現実から乖離《かいり》していました。一方で、頭のなかでは理想の将来を夢想しているのです。口癖は「ビッグになりたい」。いい車に乗りたいし、いい女と付き合いたい。将来は店を持ちたい、そのために金も欲しい、そんな望みをかなえるためにいつも何かを企んでいました。一緒にいても話題が尽きず、面白い男だったのです。

カレー屋「S」

付き合いは深かったのですが、私は真の住居がどこにあったのかは知りません。真も言わないし、私も聞かない。エスとの関係は概《おおむ》ねそうしたものでした。こちらはあくまで警察官で、エスたちはヤクザであったり、覚醒剤や拳銃を売買していたり、犯罪行為に手を染めている人間です。私以外の刑事が捜査を進め、自宅にガサをかけたりすることもある。エスの自宅の場所を知っていると、ガサを受けたエスからまず疑われるのは私ということになり、信頼関係は崩れてしまいます。ですから私は、エスには電話番号だけを聞くことにしていました。送り届ける際に自宅近辺までは行きますが、どこに家があるのかは詮索をしない。これがルールでした。

真と付き合い始めて三年ぐらい経ったある日、真は突然、札幌でカレー屋を始めました。小樽でカレー屋をやっていたパキスタン人が店を閉めることになって、一切の商売道具を譲り受けたということでした。北海道名物のスープカレーを出し、タンドリーチキンも焼いて添える。食べてみると非常に美味しくて、本当に器用な男だと感心しました。私は宣伝をしてやろうと、知り合いのテレビ局の人間に番組で紹介してほしいと頼みました。実際に取材が来て、店が紹介されると、客が押し寄せてくるようになり、随分と流行った店になりました。

店の名前は「S」。真は客や仲間たちには「スパイスのSだ」と説明していたようですが、私には「スパイのSです」と言っていました。

表向き健全に見えるこの店でしたが、ロシア人やパキスタン人のたまり場にもなっていました。真は中古車販売業もやりながら、この店を切り盛りしていて、まるで実業家のように飛び回っていた。中古車販売業者としてロシア人やパキスタン人と付き合い、店のあるビルは二階がカレー屋、三階が外国人たちの詰め所のようになっていました。そこに来る外国人のなかには人相の悪いロシア人マフィアも紛れ込んでいました。小樽で盗難車を密輸している中古車業者のパキスタン人や「元山口組のヤクザ」を名乗る中古車業者も頻繁に出入りしていました。そこに集《つど》う男たちは真をはじめ私のエスが何人もいて、また道警の〝マル暴〟や麻薬捜査の刑事たちのエスもいました。「S」は言い得て妙な店名だったのです。

渡部真の借金体質

渡部真はエスとして、道警銃器対策課の数多くの捜査に深く関与しました。私が、自分のエスとして付き合っていましたが、銃器対策課にも登録していましたし、銃対課の大森亮二課長や脇田雄二次席、私が逮捕された後に自殺する片山俊雄指導官（後に次席）、直属の上司である下村仁など、私の上司たちとも面識がありました。真は平成九年に結婚しますが、脇田次席も下村も、その結婚式に出席しています。このことからもわかるように、真は銃対課が組織的に運用するエスとして活動していたのです。

とくに下村は、

「拳銃を一〇〇丁出せば（道警から）一〇〇〇万円、二〇〇〇万円くらいはすぐに出るぞ」

と何度か真に話をしています。真はそれを本気にしてしまって必死で拳銃を探し回っていました。あまりにも下村の言葉を信用し過ぎるので、私はこう諭したことがありました。

「そんな話を信用するな。役所（警察）からそんなカネが出るわけがないだろ」

　こう言っても真は、

「いや、下村さんが言ってるんだから間違いない」

と、私の言うことに耳を貸しませんでした。

　真が下村の言葉に簡単に騙されてしまったのには理由があります。真はカネが身に付かない男で、常に借金に追われていたのです。


　付き合い始めて間もない頃、「中古車を買い付けるのにカネがいる」と真に相談を受けたことがあります。私は「探してみる」と言って、知り合いの金貸しに相談しました。すると、ポンと一〇〇〇万円出してくれました。

「いいか、真。俺が間に入っているんだから、ちゃんと返せよ。借用書も何も取らないと言ってくれて善意で貸してくれるんだからな。毎月少しずつ返済しろ」

「はい、わかりました。二年で返します」

　あっという間に返済は滞りました。しかも、そのカネを何に使ったのかも説明できませんでした。

「何に使ったか、きちんと整理して持ってこい。相手に説明もできないじゃないか」

返済の猶予をお願いするために、真には詫び状を書かせましたが、メモにわけのわからないことを書いて持ってきました。とても世間に通用するものではなかったので、私は怒鳴りつけました。

「ふざけるな！　これからどうするつもりだ」

「払います」

払えるわけがないと思いましたが、もうどうにもなりませんでした。結局、私が詫びを入れにいき、ついに借金は返済されませんでした。

仕事はしているのに、いつもカネのない真に、私は自分のキャッシュカードを持たせて五〇万円を自由に使わせたこともありましたし、何かあるたびにカネを渡していました。それでも真はカネが足りませんでした。

真は自分の知り合いをどんどん私に紹介してくれたし、私が運用していた他のエスたちも真と付き合いがありました。五〇号事件でともに潜入捜査に携わった岩下とも、私たちは三人で会う仲でした。三人とも酒は飲みませんので、お茶を飲んだり飯を食ってお互いの仕事の話をしたりして、情報をやり取りしていました。その二人ともに私はカネを貸していました。

パキスタン人のボス、ハッサン

小樽港の周辺には、ロシア人と取引をするために、中古車販売業者がいくつもあります。その多くはロシア人マフィアと付き合いがあり、暴力団の関係者もたくさんいました。キナ臭い業者たちのなかにパキスタン人も入り込んで、小樽は国際的な盗難車市場になっていました。平成八年当時は徐々にロシア人のなかで高級車がもてはやされるようになっていた頃で、それと並行するかのように日本では高級車の盗難が相次いでいました。こうした盗難車は小樽港からロシアに運ばれていて、小樽署と函館税関は常に監視の目を光らせていました。

小樽で中古車業を営むパキスタン人のボス、アクバル・ハッサンも私に協力してくれたエスの一人で、真と同様に銃対課ぐるみで付き合いをした男でした。

付き合いが始まったのは平成九年頃です。真が「中古車業者の仲間を紹介したい」と言って、ハッサンを連れてきました。ハッサンは私に会うとすぐに「協力したい」と言って、しばらくすると本当にロシア人から手に入れた拳銃を送って寄越すほどでした。

ハッサンは一九六六年の生まれで、一九八〇年代に日本に来たと言っていました。来日してからしばらくは茨城県にある工場で働いていて、そこで日本人と結婚したようです。その後、〝殺し〟で捕まったことがあると言っていました。刑務所を出た後、札幌に来て中古車業を始め、職を求めて日本に集まってくるパキスタン人たちを養うボスになりました。小柄な体格ですが、貫禄のある男でした。

ハッサンは暴力団やロシア人マフィアに食い込んで中古車の売買をしていました。中古車業者の派閥争いで有利な立場を得るために、道警の刑事と付き合うメリットは大きかったようです。中古車の売買には厳しい競争があり、揉《も》め事《ごと》も多い世界だったので、足の引っ張り合いが頻繁に起こります。そのときに刑事がバックについていると思わせるだけで、相手への脅しにもなり、客の奪い合いでも優位に立てるというわけです。私はヤクザの世界では顔の利く刑事でしたから、ハッサンは「道警の稲葉と知り合いだ」と、相手に思わせるだけで効果はあったのでしょう。

ただし、私がその争いに首を突っ込むようなことはしませんでした。拳銃を出してもらうのが目的ですから、私の名前を利用されるのはある程度仕方がありませんが、具体的に便宜を図るようなことは決してしませんでした。そういう関係になるのも面倒だったので、できるだけ小樽には近づかないようにしていたほどです。

ハッサンも真も盗難車の輸出を請け負う業者として小樽署にマークされていましたが、実際に車の窃盗で逮捕されたことは一度もありません。私が何かしらの便宜を図らないでも、彼らは容易に盗難車を仕入れることができたのでしょう。

自動車の窃盗罪は、立件が極めて難しい犯罪です。路上で職務質問をした際に、ナンバーを照会して盗難車だとわかっても、運転手から「知らない」と言われれば、証明する手立てはありません。発生後間がなく現行犯逮捕できる場合や、被疑者の自供などがある場合は別ですが、それ以外では運転している人間がその車を盗んだという証拠がないからです。そして、盗難車を平気で乗り回すような人間は絶対に口を割りません。私も職質でいくどか盗難車に当たりましたが、一度も逮捕できませんでした。

札幌中央署の〝マル暴〟で勤務していたときにはこんなことがありました。

ある日、すすきのの駐車場に止めてあった不審車をナンバー照会してみると、それは盗難車でした。ガサ状を取って車の内部を調べると、拳銃一丁と覚醒剤四〇〇グラムが積んであったのです。指紋を採取したところ、盗難車に直前まで乗っていた男も特定。これならその男を逮捕できるだろうと思いました。だれだってそう思うのではないでしょうか。「まずは車の窃盗容疑で逮捕して、供述を引き出したら覚醒剤と拳銃でも立件できる」と課長に相談すると、課長も「行けるんじゃないか」と乗り気になりました。ところがその上の次長が「俺は（逮捕を許可する）ハンコを押さないよ」と言うのです。その理由は、車の窃盗罪を立証するのは不可能だということでした。被疑者がその車を盗んだことを証明できなければ、覚醒剤や拳銃も被疑者に「俺のじゃない」と言われてそれまでです。一応、私は任意同行で署にその被疑者を連れてきて取り調べましたが、次長が言うように、やはり知らぬ存ぜぬを通されました。

こういう事情をハッサンたちが知らなかったはずはありません。私は実際に彼らがどういう手口で盗難車を持ってきていたのかは一切知りませんが、ある程度、安全に盗難車を仕入れてロシア人に売りさばいていたと思います。

真やハッサンと付き合っている私は、小樽署の刑事から白い目で見られました。小樽署の刑事にしてみれば、ハッサンたちは逮捕したくて仕方のない相手なのに、なかなか尻尾を出さない。私から捜査情報が筒抜けになっているとでも思っていたのでしょう。なかには私も盗難車を仕入れる片棒を担いでいると思う刑事もいたようです。

「稲葉は警察のナンバー照会を使って、ハッサンたちに盗難車の所有者についての情報を提供している」

そのような声が聞こえてきたこともありました。ナンバー照会は自分のＩＤと照会した日付が記録として残りますから、悪用すればすぐにバレてしまいます。無論、同僚に頼むこともできません。根も葉もない噂です。

私がハッサンや真の商売について知っていたことは、盗難車を扱っているということだけでした。私は彼らが盗難車をどのように手に入れてロシア人に売りつけていたのか、まったく知りませんでしたし、そもそも興味もありませんでした。私は、ハッサンがロシア人マフィアから仕入れてくる薬物や拳銃の情報が欲しかっただけでした。

中古車の輸出で自分の食《く》い扶持《ぶち》を稼いでいたハッサンは、真や岩下と違って私からカネを欲しがることはありませんでした。私にとっては手のかからない頼りがいのあるエスでした。

「おいさん（ハッサンは私のことをこう呼びました）には偉くなってほしい」

ハッサンはこう言って、私の捜査にはいつも協力してくれました。後にハッサンはロシア人の〝おとり捜査〟で全面的に道警銃器対策課に協力してくれることになります。銃器対策課は組織的にハッサンをエスとして活用していたのです。

ロシアでの拳銃密輸ルート開拓

中古車販売の顧客としての付き合いがあったため、ハッサンは小樽に入ってくるロシア人マフィアにも顔が利きました。それを利用して銃器対策課は密輸ルートの開拓を頼んだことがあります。ロシアからの密輸ルートを完成させて、検挙するのが目的です。拳銃摘発の実績を作るために警察が率先して拳銃を密輸するのですから、組織的な犯罪と言っても過言ではないでしょう。ところが、当時、銃対課には拳銃を密輸することに異議を唱える者は誰もいませんでした。一丁でも多く拳銃を押収するために、違法と合法の区別すらつかなくなっていたのです。

きっかけは、ハッサンがロシア人マフィアから拳銃を仕入れたことでした。

「おいさん、ロシアのマフィアから拳銃が届いたんだけど」

「何、本当か？ハッサンが頼んだのか？」

「お願いしたら、送ってくれた」

拳銃を確認しに行くと、ドイツ製で二十二口径の回転式八連発銃でした。他の拳銃よりも細い弾丸を使う珍しい銃です。銃器捜査では押収した銃の種類を問われることはありませんが、このような珍しい銃を手に入れるハッサンの顔の広さには驚きました。

「ハッサン、とりあえずこの銃を持って自首してくれねえか」

私はすぐに自首減免規定があることを説明して、ハッサンに自首するよう頼みました。

「罪に問われないなら、問題ない」

ハッサンはすぐにその拳銃を携えて自首してくれました。

この一件があってから銃対課の上司たちも、ハッサンをエスとして積極的に活用しようと思ったようです。私はハッサンのロシア人脈を活かして、数多くの銃を仕入れることはできないかと考えるようになりました。そんなとき、ハッサンと真が、ロシアに拳銃の密輸ルートを作らないかと持ちかけてきたのです。

私はすぐに脇田雄二次席と下村仁に相談しました。

「二人に銃を仕入れさせれば、もっと銃を出せる。やりますか？」

銃器対策課にとって、手段や方法の是非は二の次なのです。すぐに銃対課課長の大森亮二からもゴーサインが出ました。渡航資金として次席の脇田が銃対課の金庫から二〇万円を出してきて、それを私がハッサンと真に渡しました。無論、領収書などは残っていません。こうして二人は銃対課のカネを使って、ロシアに密輸ルートを開拓しに行った。このロシア出張は二回、行われました。

ハッサンは小樽に立ち寄ったロシア人マフィアに銃を用意するよう、事前に話をしていたようで、一丁だけがロシアから送られてきました。二〇万円の旅費を使って一丁というのは、ロシアまで買い付けに行った割には少し高かったかもしれません。現地では種類を選ばなければ一丁一万円から二万円で買うことができます。アメリカでもコルトは三万円から四万円。これが日本に運び込まれると、四〇万円、場合によっては五〇万円にもなります。ロシアまで渡航したことを考えると、成果としては今一つでした。

二度目に二人がロシアに行ったときは、モスクワの空港で「拳銃を買わないか」と持ちかけられたそうです。

「空港で声をかけてきた奴から空港の外に連れ出されたんだ。すると射撃場があって、そこで銃を撃たせてもらった。最初は殺されるかと思ったが、いい買い物ができた」

真は興奮気味に私にこう話しました。私はこれが本当の話だとは信じていません。真は自分が仕事をしてきたということを強調したかっただけでしょう。ハッサンの手配で、ロシア人マフィアと事前に話がついていたようですから、実際はロシア人女性と遊んで帰ってきただけだと思います。結局、二丁の拳銃をロシアで仕入れてきただけで、密輸ルートを開拓するまでには至りませんでした。

やらせ逮捕

ハッサンの周りには、多くのパキスタン人がいました。ハッサンの従兄弟というふれこみのパキスタン人も三人くらいいて、親族で日本に出稼ぎに来ていたようです。みんな最初に住み着いた土地が茨城でしたので、なかには茨城弁が染みついたパキスタン人もいました。

「今日の昼飯、どうするっぺや?」

「チキン食いてっぺよ」

パキスタン人が真面目な顔で茨城弁を話すのですから、聞いていると吹き出しそうでした。

ハッサンはこうした身内のパキスタン人も巻き込んで、道警銃器対策課に協力してくれていました。

「おいさん、今度、従兄弟のアフマンを逮捕してもいいよ」

「どういうことだ？」

「アフマンに銃を持たせて出頭させるから。アフマンには俺が五〇〇万円を渡すから、アフマンにも文句はない。カネも拳銃も俺が用意するから」

　この当時、銃対課はクビなしや自首減免規定を利用した自首で、大量の拳銃を挙げていましたが、被疑者の身柄をとる、つまり拳銃所持犯を逮捕することは少なくなっていました。銃対課としても、簡単に挙げられるクビなし拳銃ばかりでは格好がつきませんし、逆に言えば、身柄をつけて拳銃を摘発することで警察庁からの評価も上がります。誰でもいいから、拳銃所持の容疑で身柄をとりたかったのです。しかし誰が考えても、ハッサンの協力は少し度が過ぎています。

「なんでそんなにしてくれるんだ？」

「おいさんには偉くなってほしいからだよ」

　真意は測りかねましたが、ハッサンがそう言うならと甘えることにしました。

　平成十一年十一月、アフマンを逮捕することになりました。アフマンが住んでいる小樽のアパートに拳銃を置き、そこに早朝ガサをかけて逮捕するというのが、事前にハッサンと相談して決めた筋書きでした。アフマンが心変わりするといけないので、私は一応、前日の晩から部屋を張り込みました。午前六時頃に捜査員たちが集まり、ガサをかけ、約束どおりに拳銃が出てきました。しかも三丁もありました。事前の打ち合わせどおり、アフマンは抵抗することなく私に逮捕されました。

ところがちょっとした見込み違いで、アフマンは裁判で懲役三年という予想以上に長い刑期を科せられてしまいます。本人も驚き、拘置所で「話が違う。控訴する」と言い出した。こちらも困ってしまって、ハッサンに「控訴はやめてくれ」と頼むと、話をおさめてくれました。どのように説得したのかと尋ねる私に、ハッサンはこう言いました。

「アフマンは五〇〇万円もらってるんだから、おいさんは気にしなくていい」

結局、アフマンは三年間刑務所に入って、パキスタンに帰って行きました。パキスタンでは大金の五〇〇万円で、悠々自適の生活を送っているそうです。

このように、ハッサンは私に見返りを求めることなく協力してくれましたし、銃対課が名簿に登録しているなかでも存在感のあるエスとして誰もがハッサンのことを信頼していました。銃対課の組織ぐるみの犯罪的行為にハッサンは重要な役割を担っていたのです。

アフマンを逮捕するちょうど二年前、ロシア人船員に仕掛けた拳銃摘発のための「おとり捜査」でもそうでした。

ロシア人「おとり捜査」事件

平成十年（一九九八年）、札幌地裁でロシア人船員、ナバショーラフ・アンドレイ・ヴラジーミラビッチ（以下、アンドレイ）の刑事裁判が行われました。

アンドレイの容疑は、トカレフ一丁と実弾十六発などを所持していた銃刀法違反。拳銃と銃弾を同時に持っている加重所持で、アンドレイはより重い罪に問われていました。逮捕したのは、道警銃器対策課です。この逮捕劇には渡部真、ハッサン、そしてハッサンの従兄弟のザッハールがエスとして関わっていました。

この刑事裁判でアンドレイの弁護士たちは、私たち銃器対策課がハッサンを使って違法なおとり捜査を展開し、アンドレイを逮捕したと主張しました。これに対抗するため、銃対課はハッサンを証人として出廷させ、弁護側の主張を全面否定させました。

「私は何も知りません」

弁護士の度重なる追及にも平然とそう言ってのけるハッサンを見て、公判後、銃対課課長の大森亮二は笑顔で私にこう語りかけました。

「すごいな、ハッサンは。何にもしゃべらなかったぞ」

捜査の実態は、アンドレイの弁護士たちが主張したとおり、違法なものでした。銃対課は組織ぐるみでそれを隠蔽したのです。

アンドレイの捜査は、ザッハールがもたらした情報をきっかけに始まりました。常日頃、私は真やハッサンに「拳銃をロシア人に持ってこさせろ」と言っていましたが、ちょうどこの頃、ザッハールにも「拳銃持ってこさせたらカネやるぞ」と声をかけていました。

ザッハールは中古車貿易で知り合ったロシア人船員アンドレイに声をかけ、中古の四駆と拳銃を交換すると約束したようです。すると数ヵ月後、アンドレイはネフスカヤ号という船に乗って本当に拳銃を持ってきました。平成九年十一月十三日のことでした。連絡を受けたザッハールは、初めての経験だったので、すぐにハッサンに相談します。ハッサンは真を呼び、真が札幌まで飛んできました。

「ロシア人が銃を持ってきた。明日の朝、ハッサンがその銃を引き取りに行く」

真から話を聞いた私は、すぐ上司の下村仁に連絡を入れました。下村は旭川に出張中でしたが、「すぐに小樽に向かう」と言うので、私と真もすぐに小樽に向かいました。そして、岸壁に停泊しているネフスカヤ号を確認して、改めて下村に連絡を入れました。

「船を確認しました。間違いなさそうです」

「そうか、課長が本部に上がってくるから、俺は本部に戻る」

すでに明け方になっていました。道警本部では大森課長や脇田次席が早朝にもかかわらず出勤し、片山指導官ら銃対課の幹部たちと課長室で会議を行い、捜査方針が立てられました。

その捜査方針は、アンドレイを銃刀法違反で現行犯逮捕し、拳銃を押収するというものでした。これは明らかに違法です。先ほど述べたように、おとり捜査は相手から違法行為の誘いがあった場合にのみ合法となります。こちらから犯行を誘発するような捜査は認められていないのです。この場合、アンドレイに銃を持ってこさせたのは、私のエスのザッハールでした。アンドレイは、誘われなければ拳銃を日本には持ってこなかったでしょう。つまり、この捜査は「犯意誘発型」で、法律で認められていない捜査手法だったのです。

さらに拳銃の受け渡しは、ハッサンが行うことになっていました。にもかかわらず、アンドレイだけを逮捕して、ハッサンを捕まえないのは、アンドレイにとってあまりに不公平です。慎重に捜査を進めないと、公判で道警の主導した違法のおとり捜査だと指摘されることは明白でした。この状況でアンドレイの身柄だけを安易に押さえてしまうのは、銃対課にとっても危険なことだったのです。しかし銃器対策課は、拳銃所有者の身柄を確保できるなら、何としてでも逮捕したいと考えていました。〝ガラ（身柄）付き〟、つまりクビなしではなく、被疑者の逮捕にこだわったせいで、捜査に無理が生じてしまうことになったのです。道警の歪んだ功名心が、銃対課を違法捜査へと駆り立てたのでした。

私は真から連絡をもらってから岸壁に停泊していたネフスカヤ号を張り込んでいたので、本部での会議でどのような話し合いが行われたのかは知りません。私の推測ですが、おそらくハッサンのことをよく知る下村が、課長の大森にこう進言したのでしょう。

「ハッサンは信用できます。決して口を割ることはない」

これを聞いて、大森はアンドレイ逮捕を指示し、帰宅しました。幹部たちの決定によって、アンドレイの逮捕は、銃対課の捜査員全員が参加する大掛かりな作戦となりました。私がいったん小樽を離れて本部に戻ると会議が行われ、片山が現場の配置を説明しました。

ネフスカヤ号が停泊していた岸壁には、冷凍倉庫の会社が隣接しています。その周辺に捜査員十数人を配置。それぞれ釣り人に扮するなどカモフラージュして張り込みます。私は冷凍倉庫の陰で車に乗ったままハッサンと連絡を取り、アンドレイを船外におびき出す役割でした。アンドレイがハッサンと船外に出て歩いているところを、銃対課の捜査員が職務質問をして、逮捕するという手はずです。しかしそこで、一緒にいるハッサンの存在が問題になります。アンドレイだけを逮捕すると、ハッサンはこちらの協力者だとすぐにバレてしまいます。下村や片山にこの件について尋ねるとこう言うのです。

「ハッサンは、職質する直前に姿を消させろ」

正直に言って、これはまずいと思いました。逮捕されたアンドレイが、ハッサンのことを黙っているはずはない。しかも捜査員を十数人展開しての捕り物です。計画的な捜査であることは誰の目にも明らかで、ハッサンがそこにいなかったという理屈が通るはずがありません。捜査員の口から漏れることも考えられる。上司の命令には逆らえないとわかってはいましたが、出鱈目《でたらめ》な作戦に私は悪態をつかずにいられませんでした。

「そんなことできるんですか？　ハッサンは口を割らない男ですが、逮捕するロシア人は黙っていませんよ。裁判で合理的に反論できるわけがない。どうせ問題になってから、私が証人出廷させられて、嘘の供述をさせられるんでしょ？」

それでも捜査の方針は変わりませんでした。

日が昇って、捜査員が配置に着きました。私はネフスカヤ号のそばに車を止め、このときすでにアンドレイと接触していたハッサンと電話でやり取りしました。アンドレイは、日本語がわかりませんから、話を聞かれても大丈夫です。ただ、ハッサンもかなり焦っていました。

「早く来て。今、アンドレイが拳銃持ってるから」

「建物の壁に隠れて拳銃を受け取ることにして、外におびき出せ。外に出て冷凍倉庫会社の壁に沿って歩いて来い。そこで押さえる。その直前にハッサンは身を隠せ」

「わかった。おいさん、頼むよ」

手はずどおりにハッサンはアンドレイをおびき出し、岸壁を二人で歩いて来ました。捜査員が職質をかけるとアンドレイは困惑の表情を見せながら後ずさりし、後ろを振り向いた。私はハッサンの背中を押して「逃げろ！」と言って逃がしました。私たちはすぐにアンドレイを取り押さえ、拳銃と実弾を確認し、銃刀法違反（加重所持）の現行犯で逮捕したのです。

その日のうちに取り調べも終わり、捜査の中心になった人間で、すすきののうなぎ料理店に出かけました。その場には脇田次席、片山指導官、下村といった幹部に加え、捜査に協力したハッサンと渡部真もいました。上司たちは上機嫌で、捜査の成功を祝っていました。しかし、「ご苦労さん」という上司の言葉も、その後の裁判を考えれば空しく聞こえました。

当然のことですが、アンドレイは検察官の取り調べで、ハッサンが逮捕現場にいたことを主張しました。アンドレイの弁護士は捜査が違法なおとり捜査だったとして、「違法行為で得られた証拠品はすべて無効だ」と主張し、公訴棄却を求めてきました。

平成十年に始まったアンドレイの裁判には銃対課から、私ともう一人が道警側の証人として出廷しました。事前に銃対課の会議でハッサンはいなかったと供述することが決められていて、二人ともその方針に従い「ハッサンが現場にいたことは確認していない」と偽証しました。ハッサンも道警側の証人として出廷しましたが、最後まで知らぬ存ぜぬで押し通し、結局、この裁判では銃対課の違法なおとり捜査があったことは認定されませんでした。そして、アンドレイには懲役二年が科せられました。

裁判開始から四年後の平成十四年十二月、アンドレイの代理人弁護士は私を含めた銃器対策課の課員三名を札幌地検に告発しました。告発内容は、偽証罪と虚偽有印公文書作成とその行使の疑いでした。私はすでに覚醒剤の使用などで逮捕されており、アンドレイのおとり捜査に関わった片山指導官はすでに自殺していました。

北海道警察は、裁判での偽証はすべて片山指導官が方針を決めてやったこととして、亡くなっている彼一人に責任をなすりつけます。札幌地検も「稲葉被告ら三人は、自殺した片山警視の指揮下にあり従属的な立場だった」などと結論づけました。その結果、片山は死亡していたことを理由に不起訴、私を含む三人は起訴猶予となりました。私たち三人を起訴すれば当然、銃器対策課の責任者であった大森課長、脇田次席の責任も問われることになります。組織を守るために、すべての罪を自殺した片山に押し付けたのです。

しかし、先述したとおりアンドレイの逮捕を最終的に指示したのは大森課長ですし、裁判で偽証する方針も、大森課長ら銃対課の上層部で行った会議で決定されたのです。裁判でハッサンが「私は現場にいませんでした」と嘘をつきとおしたときも、大森課長は「ハッサンはすごいな」と喜んでいました。そもそも警察のシステムとして、当時は指導官だった片山に決裁権限はないのですから、「片山が勝手にやった」とする大森課長たちの言い分は理屈が通りません。

死者一人に責任をすべて負わせ、保身に走る当時の銃対課の幹部たちを、私は許すことができませんでした。そこで平成十六年、私は服役していた千葉刑務所から、私の共犯として大森課長、脇田次席、片山指導官、下村課長補佐の四人を札幌地検に偽証容疑で告発したのです。大森課長は私が告発したことについて、「覚醒剤で逮捕されたことへの逆恨み」と周囲に語ったそうです。この言葉は私の頭から離れません。予想していたことですが、札幌地検は四人を不起訴と結論付けました。

アンドレイは、その後、北海道を相手取って、国家賠償訴訟を起こします。平成二十一年七月、私はこの裁判の参考人として、千葉刑務所で行われた出張法廷で証言し、アンドレイの事件は道警銃対課による違法なおとり捜査であることを認めました。平成二十三年二月には札幌高裁が偽証を認め、五〇万円の賠償を道に命じましたが、道警も裁判所も、いまだにこのときの捜査手法が違法なものだとは認めていません。

私がこの捜査を指揮できていたら、どうしたでしょうか。

いくつか方法はあると思いますが、やはり、ネフスカヤ号を捜索することが一番まともな方法だったでしょう。海上保安庁は船を捜索する権限がありますから、海保と連携してネフスカヤ号にガサをかけ、アンドレイの拳銃を押収するのです。しかし、こうした場合、アンドレイの身柄を押さえられるかどうかはわかりません。おそらく銃が出た時点でアンドレイは「私のものではない」と主張するでしょう。アンドレイの拳銃の所持を立証できるか否かは、ガサをやってみないとわかりません。

結局、被疑者の身柄を押さえたいという銃対課の欲求を満たすには、現行犯逮捕が一番確実だったということです。そして、このような違法捜査がまかりとおるほど、銃対課は腐りきっていました。

第八章 泳がせ捜査——道警が関わった覚醒剤一三〇キロ密輸

架空荷受け会社「ＯＫ商事」

札幌の歓楽街、すすきののはずれに「晴ればれビル」という雑居ビルがあります。一〇階建ての比較的大きなテナントビルで、飲食店や数十社の会社が入居しています。すすきの界隈では名前の通ったビルです。

平成十二年（二〇〇〇年）、道警銃器対策課はこのビルに架空の会社を設立しました。とはいっても、ビルの一室を借りて、オフィスを設置したというわけではありません。晴ればれビルには、電話の応対を代行してくれるテレホンサービス会社があり、その会社に道警のつくった架空会社宛ての電話応対を依頼しただけです。その登録会社名は、「ＯＫ商事」といいます。もちろん、会社登記などはしていません。

〝ＯＫ〟とは、上司の頭文字でした。当時の銃器対策課での直近の上司、大塚健課長補佐の名前をとって私が名付けたのです。これから始まる捜査を一手に引き受ける上で、誰でもいいから上司に足かせをつけておきたい気持ちがありました。後で私だけに責任を押し付けられないようにするためです。会社の名前を決める際に、私が提案しました。

「KO商事にしましょう。ノックアウトしてやるという思いを込めて」

最初こう提案すると、大塚は自分のイニシャルだということに気が付きました。

「俺のイニシャルじゃないか。それは駄目だ」

「では、『OK商事』ならどうか？」

「それならいいだろう」

大塚は間の抜けた男でもありました。

こうして、電話窓口しかもたない「OK商事」が設立されました。銃対課がこのような架空の会社をつくった目的は——覚醒剤や大麻を密輸し、それを荷受けするためでした。


平成十二年四月と八月に行われた違法薬物の大量密輸に、北海道警察銃対課は積極的に関わりました。その証拠のひとつが、「OK商事」です。

この薬物の密輸を、銃対課は〝泳がせ捜査〟の一環と位置付けていました。第六章でも紹介しましたが、泳がせ捜査は、「クリーン・コントロールド・デリバリー」（CCD）とも呼ばれます。密売組織の全容解明のために覚醒剤や拳銃の取引を数回見逃して、犯人を泳がせ、最終的に密売組織の摘発を目指す捜査手法です。

しかし、このときに展開された銃対課の泳がせ捜査は、覚醒剤一三〇キロ、大麻二トンという大量の薬物輸入を手引きした挙げ句に、何の成果も上げられないという大失態を犯してしまうことになるのです。

香港の覚醒剤密輸ルート

この泳がせ捜査は、銃対課が運用する情報提供者、岩下克行が銃対課に持ち込んだ話がきっかけでした。

岩下は平成八年の「警察庁登録五〇号事件」の捜査に協力したエスです。このとき私は、岩下とともに暴力団員に扮して関東のヤクザから拳銃を数丁購入しました。この経験から岩下は、警察の捜査という形をとれば拳銃でも覚醒剤でも安全に手に入れられるのではないかと考えたのです。のどから手が出るほど欲しがっている拳銃を餌にすれば、道警の銃対課は話に乗ってくる。岩下はそういう絵を描いたのでしょう。

平成十一年初夏、私にこう言って話を持ちかけてきました。

「拳銃を大量に密輸させるから、親父たちがパクるというのはどうだろう？　その代わりといってはなんだが、シャブを入れたい。協力してくれないか？」

岩下はこう言うと、関東のあるヤクザを私に紹介しました。そのヤクザは香港に覚醒剤密輸ルートを確立していて、いつでも覚醒剤を調達できる男でした。私はそのヤクザに会った上で、岩下の提案を聞きました。彼の話は、銃対課にとっては魅力的なものでした。

「まず香港から薬物を三回、北海道に密輸する。道警は税関に根回しして、これを見逃してほしい。四回目に拳銃を二〇〇丁密輸して、俺の知っている中国人に荷受けさせる。そこを親父たち銃対課が、ガサをかけてパクるんだ」

二〇〇丁もの拳銃を挙げた上に、さらに中国人の身柄も付いてくる。これが実現すれば道警銃対課は、大きな実績が認められ、巨額の予算を手にすることができるでしょう。私はこの話を聞いたとき、本当にこのように大掛かりな捜査が実現できるのか、半信半疑でした。拳銃を押収するためとはいえ、大量の薬物密輸を手引きするのですから、たんなる違法行為といってもいいでしょう。私は疑念を抱きながらも、前原忠之指導官と大塚課長補佐に報告しました。そして当時の銃対課長、山崎孝次が決断したのです。

「よし、やろう」

私は岩下と関東のヤクザに、「道警は計画に乗る」と連絡しました。

この泳がせ捜査に関わったのは、山崎課長をはじめ、前原指導官、大塚課長補佐、そして後に自殺する片山俊雄次席でした。

この計画は、岩下に莫大な量の覚醒剤を密輸させておいて、最後に何の罪もない中国人に二〇〇丁もの拳銃を持たせて摘発するというものでした。捜査と呼ぶことすらできない計画で、岩下が描いた絵のとおりに事が運べば、ロシア人アンドレイのおとり捜査以上の犯罪行為となっていたでしょう。そもそも、この捜査はCCDでも何でもありません。道警が税関に根回しをして薬物を流入させるのですから、一言で言ってしまえば、たんなる覚醒剤の密輸です。私は逮捕された後の自身の裁判で、この一件を〝泳がせ捜査〟として説明しました。それを受け、その後の報道でも〝泳がせ捜査〟という言葉が使われていますが、これは捜査でもなんでもなく、密輸という極めて悪質な犯罪行為に過ぎませんでした。

しかし、当時の銃器対策課はためらうことなく、この計画の準備を進めました。OK商事の設立もそのひとつです。違法薬物の入った積み荷を荷受けするために、架空の会社をつくったのでした。また港に届いた覚醒剤入りのコンテナを受け取る手はずも、道警が函館税関に手を回すことで、整えられていきました。

エスたちが海外で薬物を用意したからといって、それを国内に持ち込むのは至難の業です。薬物の密輸を見逃すにあたって、いかにして通関させるかという問題がありました。そこで税関への根回しが重要になってくるのですが、実は道警銃対課と北海道函館税関は密接な関係にありました。道警には函館税関から、人事交流で職員が一人、常時出向してきていたのです。当時の銃対課には、高倉保夫という男が出向してきていました。

警察の拳銃捜査や薬物捜査にノルマがあるように、税関にも水際での拳銃や薬物摘発の実績が求められています。そういう背景があるので、昔から税関と銃対は互いに実績を貸し借りする習わしがありました。このときは、大量の拳銃を押収するために覚醒剤の密輸を見逃してもらうという形で、銃対が税関に借りをつくったというわけです。その交渉の窓口になったのが、高倉です。具体的な計画を詰めるにあたって、道警から前原指導官と大塚課長補佐が函館税関小樽支署まで出向いて税関側と交渉しています。密輸する薬物を検査にかけずに通関させるように頼み、それを税関も承諾。荷上げさせる場所は、石狩新港に決まりました。

こうして泳がせ捜査と称された大規模な犯罪行為は、道警と税関の合同捜査としてスタートしたのです。

一三〇キロの覚醒剤

銃対課が税関との交渉を終え、準備を整えると、香港で覚醒剤の購入を打ち合わせしていた岩下から私に連絡が入りました。

「まず、覚醒剤一三〇キロを入れる」

「わかった。こちらは準備万端だ」

一三〇キロの覚醒剤は、当時の末端価格に換算すれば約四〇億円。その密輸を、拳銃欲しさに容認した。私をはじめ銃対課の感覚は、ここまで狂っていたのです。そして、このときの私はまだ岩下に騙されているとは夢にも思っていませんでした。

平成十二年四月、一回目の計画が実行に移されました。岩下の手配で、香港から覚醒剤一三〇キロが石狩新港に向けて送られます。連絡を受けた私は船が石狩新港に入る日時と、船の名前を高倉に伝え、高倉から函館税関に連絡してもらいました。事前に話がついていたので、覚醒剤入りのコンテナは検査をされることなく、税関を通過。このとき、岩下が税関に申請した積み荷の中身は、書類上「トイズ」（おもちゃ）となっていました。実際に、大量のぬいぐるみに紛れこませる形で、覚醒剤一三〇キロが隠されていたのです。

コンテナが石狩新港に到着したという連絡は、晴ればれビルのテレホンサービス業者を通して伝わり、手配した運送会社がコンテナを取りに行きました。コンテナの大きさは長さ二〇フィート（約六メートル）とかなり大きなものでした。コンテナは運送会社のトラックに載せられ、札幌市内のある空き地に運び込まれます。そこで一三〇キロの覚醒剤は二つに分けられました。半分を岩下が運転手を伴って東京に運びました。もう半分はいったん、私がアジトとして使っていたマンションに運び込み、後に岩下が引き取りました。コンテナに入っていたクマのぬいぐるみは、そのときに知人の業者が引き取っていきました。

この首尾について連絡を受けた私はすぐに本部に行き、大塚課長補佐に報告しました。

「一三〇キロ、入りました」

このとき、大塚が重苦しい口調で言った言葉が忘れられません。

「これで俺たちも、重い十字架を背負っていくことになったな」

実は、私は一三〇キロの覚醒剤が入ってきた際に、そこから一キロだけを抜きました。覚醒剤は一キロずつ、まるで砂糖のように厚手のビニール袋に入れられ、さらに麻袋で包まれています。私はアジトにいったん運ばれてきた覚醒剤から、一袋を手元に残したのです。この一キロのうち、約一〇〇グラムだけは私自身で保管し、残りの約九〇〇グラムは私が付き合っていたエスたちに渡し、彼らがシノギのために使いました。

その理由は、「ＯＫ商事」を大塚健課長補佐の頭文字をとって名付けて足かせとしたように、この覚醒剤が後に、泳がせ捜査が組織ぐるみで行われたことを証明するための物証となるかもしれないと考えたからです。しかし、結局、手元に残しておいた約一〇〇グラムは、私が逮捕されたときに押収されることになります。裁判には私の営利目的所持の証拠として提出され（実際に提出されたのは、九十三グラム）、泳がせ捜査の物証となることはありませんでした。しかし、大塚課長補佐をはじめ、この密輸に関与した銃対課の上司たちには、押収された約一〇〇グラムの意味は十分にわかってもらえると思います。私と当時の銃対課の上司たち全員で背負った〝重い十字架〟の一部なのですから。

岩下の失踪

銃対課と税関を動かし、一三〇キロの覚醒剤の密輸に成功した岩下は、しばらくしてから突然連絡を絶ちました。携帯電話は解約されていて、自宅に行っても車はあるのですが、まったく帰ってきません。しばらくして、岩下に紹介された関東のヤクザから私に連絡がありました。

「例の香港のマフィアから連絡があって、覚醒剤一三〇キロを石狩に入れたと言っている。稲葉さん、これはどういうことだ？」

岩下と一緒に動いていると思っていたそのヤクザは、一三〇キロの覚醒剤密輸を「聞いていない」と言うのです。香港に覚醒剤の密輸ルートを確立していたのは、このヤクザだったはずです。私は非常に混乱しました。

「俺はてっきり、あんたが手配したと思っていたんだが……」

「俺もあんたも岩下に出し抜かれたんですね」

聞けば、関東のヤクザは岩下を連れて香港に行き、そこでマフィアを紹介したそうです。香港マフィアと面識を得た岩下は、紹介してくれたヤクザを出し抜いて一三〇キロの覚醒剤密輸計画を自分だけで進めたというわけです。

　このとき、私は岩下が逃亡したことを確信し、岩下に騙されたと悟りました。この計画の最後に拳銃を二〇〇丁密輸して中国人を逮捕させるという岩下の計画も嘘だったのです。岩下は道警と税関とヤクザを手玉に取り、まんまと覚醒剤一三〇キロの密輸を成功させたのでした。


「稲葉さん、岩下に一三〇キロも入れさせたんだから、俺にもお願いしますよ」

覚醒剤の密輸に関わることに失敗した関東のヤクザは、こう言い出しました。この時点で、銃対課の本来の目的だった拳銃摘発の話は、見通しが怪しくなっています。二〇〇丁もの拳銃を持ってくることができるのは、そのヤクザではなく、岩下だったからです。

　私は岩下が「二〇〇丁持ってきて、中国人につかませる」と言ったので信用しました。過去に何度も拳銃を持ってきた岩下ならそれくらいできると、私は信じていました。しかし、岩下が逃げた今、密輸を見逃すことと引き換えに、拳銃を押収することができるのか。私は関東のヤクザに、拳銃を用意できるのかを確認しました。ヤクザの答えはこうでした。

「銃を持ってくるところまではできるが、人につかませて、その人間を逮捕させるということはできない」

少なくとも拳銃を用意することはできそうでした。このヤクザに私は「なんとか上に説明するから、チャカのほうだけは頼む」と念を押し、この件をすぐに上司に報告しました。

銃対課はすでに引っ込みがつかなくなっていました。この時点で銃対課は、覚醒剤の密輸を手引きしたという弱みを関東のヤクザに握られています。約束を反故《ほご》にすれば、このヤクザに道警銃対課が一三〇キロの覚醒剤を密輸したことを暴露されかねません。道警銃器対策課には、約束を守るしか方法がなかったのです。関東のヤクザにその旨を連絡すると、しばらくしてから「大麻を入れるから、手引きを頼む」と連絡がありました。

銃対課では、この後の対応は意見が分かれました。前原指導官は「いったん約束した以上、それが拳銃の押収につながるなら、やるしかない」と考えていましたが、片山次席と大塚課長補佐は消極的でした。「やっぱり、これ以上はやばいだろう。もうやめよう」と、気の弱い片山次席は完全にビビってしまいました。「断ってこい」という片山の命令を受けて、私は東京へそのヤクザと面談に行きもしました。しかしこのヤクザが、自らの密輸ルートを岩下に利用されたうえ、自分の取り分が一銭もないままでは引き下がるはずがないことは私にもわかっていました。

「上司には『断れ』と言われて東京に来たが、そんなことができないことも俺はわかっている。何とかするから、(大麻の輸入を)やってしまえ。その代わり、チャカの件は絶対に頼む」

しばらくして、関東のヤクザから「大麻が用意できた」と連絡がありました。この入手先がどこなのか、私は知りません。ただ、当時の私のメモによると、大麻を積んだ貨物船はシンガポールから釜山を経由して神戸港にいったん寄港し、その後石狩新港に向かったと記されています。平成十二年八月、大量の大麻を載せた貨物船が石狩新港に入港しました。一回目の覚醒剤密輸から、すでに四ヵ月が経っていました。

二トンの大麻

大麻は、大型のコンテナに入れられていました。税関に申告された積み荷の内容は、「チョップスティック」(箸)。大麻は、LP盤の大きさで厚さ五センチに圧縮された状態で、二〇〇〇枚がコンテナのなかに収まっていました。一枚約一キロですから、計二トンの大麻が石狩新港に荷揚げされたことになります。当時、大麻は一グラム三〇〇〇円程度で小売りされていました。二トンは末端価格六〇億円にもなる莫大な量です。

このときも税関への根回しは、銃対課に出向してきていた高倉保夫が窓口となっていて、事前に話がついていたはずでした。しかし、どういうわけか、大麻の入ったコンテナはいったん保税倉庫に移されてしまったのです。

保税倉庫は、経由地で一時的に荷揚げした貨物や、市場の状況でまだ通関させたくない荷物を預かるための倉庫ですが、税関が通関させるかどうか迷っている不審な積み荷も保税倉庫に入れられます。函館税関のなかでもこの二回目の密輸について、不信感が募っていたのでしょう。高倉によれば、「今回は道警の密輸に協力しない」と主張した責任者がいたということでした。函館税関にもまともな感覚を持った職員がいたということです。

とはいえ、道警としては大麻が無事に税関を通過しないと、困ったことになります。私は高倉と渡部真を連れて、保税倉庫まで大麻入りのコンテナを見に行きました。そのコンテナは保税倉庫のフェンスのそばに置いてありました。

「どうすんのよ、これ？」

「いや、どうすると言われても。今、上と話をしていますから」

高倉も困っていました。私はこう軽口を叩きました。

「かっぱらうか？」

「どうやって？」

「クレーンを持ってくれば、コンテナごと簡単に引き上げられる」

「そんなわけにいかないでしょ」

「それじゃ、なかに忍び込んで、大麻だけ出しちゃおう」

「二トンですよ……」


結局、大麻は保税倉庫に二日間も足止めされてしまいました。しかし、すでに函館税関内部にもほころびが出はじめていたというわけか、最終的には高倉が説得して、大麻は無事に通関しました。二トンもの大麻が関東のヤクザに引き渡されましたが、当初の約束では、三回の薬物を見逃すことになっていました。ここから拳銃の摘発に辿り着くためにはさらにもう一度、薬物密輸を手引きしなければなりません。税関の協力を得られなければ、計画は破綻してしまいます。函館税関をもう一度、泳がせ捜査の関与に前向きにさせるという課題が、銃対課、とくに私に重くのしかかりました。

税関に花を持たせる

銃対課は泳がせ捜査を継続させるために、税関に対して目に見える成果を与える必要がありました。まずは二回の薬物密輸を不問にしてもらった借りを返さなければならなかったのです。そこで函館税関に花を持たせるために、ある事件をでっち上げることにしました。ロシア船に拳銃を仕込み、それを税関に摘発させるように仕組んだのです。

平成十三年（二〇〇一年）四月六日、函館税関小樽支署と道警銃対課は小樽港でロシア船籍の貨物船オストロフカ号の船内から、マカロフ二〇丁、実弾七十三発を押収します。また船長をはじめ十九人の船員を事情聴取のために勾留しました。一度に二〇丁が摘発されたのは、道警史上最多です。地元の新聞は、押収されたマカロフの写真を掲載し、大きく報じました。新聞記事は、暴力団組織とロシア人マフィアの密輸ルートが存在するのではという懸念を指摘して、いよいよ拳銃汚染は全国に広がるかのような物々しい書きたてぶりでした。この新聞を読みながら、銃対課の上司たちはどう考えたでしょう。これは、私をはじめ道警と税関がでっち上げた事件だったのです。

このときに押収されたマカロフ二〇丁は、私が用意したものです。当時、私は常に数十丁の拳銃を手元に置いていました。銃対課の上司たちも職場のロッカーに拳銃を保管しておいて、銃器対策強化月間のときなどに合わせて出していましたが、私も常に拳銃を手元に置いていました。そのなかからマカロフ二〇丁を渡部真に運ばせ、ロシア船に仕込ませたのです。首尾よくロシア船に拳銃を持ち込むことができたら、まず函館税関に匿名で電話するよう真に指示をしていました。

「小樽港に停泊しているオストロフカに拳銃が積まれているのをこの目で見ました」

まず税関が情報をつかんだことにしたわけです。その後、真には私に連絡するように伝えていました。真の連絡を受けると、私はすぐに上司に報告。銃器対策課が出動して、ガサをかけて押収したのです。

この計画は税関に花を持たせるために仕組まれたものですが、それ以外に警備部外事課も関与を求めてきました。外事課には、銃器対策課から下村仁が異動していました。この件を下村の耳にも入れておいたところ、「俺たちも（捜査に）かませてくれ」と連絡してきたのです。また、私もその頃は銃対課を離れて生活安全特別捜査隊（生特隊）に異動になったばかりでしたが、その部署の上司たちにも報告をしています。まさに税関と道警が事前にこの捜査の違法性を十分に認識したうえで行われた、大がかりなやらせ捜査だったと言えるでしょう。

でっち上げの捜査なので、出てきた銃が誰のものかを証明する手立てなどありません。オストロフカ号の船員はしばらく帰国することができませんでしたが、何の罪に問われることもなく釈放されました。ただし、彼らはその後一年間くらいは日本に入国禁止となっているはずです。そもそもこちらとしては北朝鮮の船でもどこの国の船でも、何でもよかったのです。ただ、たまたま手元に集まった銃がマカロフだったので、ロシア船にしたほうが信憑性《しんぴょうせい》が高いというだけの理由でした。オストロフカ号の船員たちにしてみれば、身に覚えのない拳銃を押し付けられたわけですから、本当に申し訳ないことをしたと反省しています。

私が二〇丁という大量の拳銃を用意したのも、函館税関がそれだけの成果を欲しがったからでした。当時、私は税関と銃対課の間に入っていた高倉に「本当に二〇丁も必要なのか？」と確認しています。彼は「二〇丁です」と念を押してきました。銃対課のために上司たちを説得して二回も大量の薬物密輸を黙認したので、二〇丁の成果は譲れない一線だったのでしょう。高倉は仕事熱心な男でした。

こうして函館税関に花を持たせるためのでっち上げ工作は、何の関係もないオストロフカ号の船員を巻き込み、マスコミを欺《あざむ》いて市民に不安を与えるという結果に終わりました。ただし、北海道で史上最多の拳銃を摘発したことで、函館税関と道警の株を大きく上げることになったのです。

一方でこの頃には、銃対課の泳がせ捜査への意欲は急速にしぼんでいきました。平成十三年に入り、四月の人事で私が銃対課から生特隊へ異動。片山次席をはじめ、この泳がせ捜査を担った上司たちも他部署へと移っていました。中核メンバーがバラバラになり、もはや捜査の継続は難しい状態になっていたのです。最後に税関に対する借りを返したということで、道警銃対課と税関の泳がせ捜査は、覚醒剤一三〇キロ、大麻二トンを国内に流入させたという事実を闇に葬り去ったまま、完全に幕引きとなりました。

八〇〇〇万円の未払い金

泳がせ捜査の顚末《てんまつ》で、私は後々までさまざまな疑いをかけられました。そもそも一三〇キロの覚醒剤を密輸する計画を立てたのは私のエスの岩下だったので、私自身もその覚醒剤の利益を得る目的があったと疑われたのです。事実、私も一三〇キロのうち一キロの覚醒剤を抜き、後にエスたちに売買をさせたのですから、多少の恩恵を受けたのは事実です。しかし、私が香港からの密輸ルートに積極的に関わり、莫大な金銭を手にしたということはありません。

ところが、私が千葉刑務所に服役しているときになって、急に身に覚えのないカネを要求されたのでした。私の裁判を担当した弁護士が突然、面会を求めてきて、こう言ったのです。

「(失踪していると思われていた) 岩下とその連れのヤクザが私の事務所に来た。例の一三〇キロの仕入れ代金八〇〇〇万円のうち、未払いの四〇〇〇万円を稲葉が持っていると言うんだ。それを返してもらいたいと言ってきているんだが……」

私は呆れてしまいました。岩下は私たちを利用して、覚醒剤を密輸した挙げ句に、約束を破って逃げ出して、そのまま音信不通になっていたのです。それなのにどうして私がその覚醒剤の未払い金四〇〇〇万円を払う道理があるのでしょう。

「先生、そんなことあるわけないじゃないですか」

何を言われたのか知りませんが、弁護士が岩下の言うことを鵜呑《うの》みにしたことに腹が立ちました。

たしかに当時、岩下は覚醒剤を仕入れた香港のマフィアに八〇〇〇万円の未払い金がありました。香港マフィアは、岩下を紹介した関東のヤクザに問い合わせをしたことで岩下が逃げたことを知ります。カネの回収のため、日本にまで岩下を探しに来たそうですが、岩下は服役している私にその未払い金問題を押し付けようとしたのです。

結局、一三〇キロの覚醒剤密輸は、私をはじめ道警、関東のヤクザ、香港のマフィアまでをも欺いた岩下の独壇場だったというわけです。

実績作りのためとはいえ、このような男に騙されて大量の薬物流入を招いたことを深く反省していますし、今でも思い出すと夜も眠れなくなるほどです。

闇に葬り去られた泳がせ捜査

ＣＣＤと言えば聞こえはいいですが、私たち道警銃器対策課が行った泳がせ捜査は、自作自演の大がかりな違法行為でした。エスたちの薬物密輸を見逃すどころか積極的に協力して、その見返りとして拳銃を押収しようとしたのですから、許されるものではありません。ただ、当時の私には罪悪感などまったくありませんでした。

これまで説明してきたように、拳銃押収のための捜査には違法行為に手を染める必要が常にありました。暴力団関係者といったエスたちに拳銃を持ってきてもらうわけですから、その見返りにエスたちの違法行為を見逃す必要もあります。常に私とエスは共犯関係にあったわけですし、そうでなければ拳銃など一丁も出せなかったでしょう。これが拳銃捜査の実態だったのです。捜査方法に疑問を抱いたとしても、ノルマを果たすことのほうが重要でした。

もちろん、私の上司たちも同様の感覚でいたでしょう。さらに言えば、関係した捜査機関すべてが「実績を上げるために多少の違法行為は仕方がない」という考えを持っていたということです。だからこそ道警と函館税関が連携した覚醒剤の密輸が、泳がせ捜査の名の下に展開されたのです。

私はこの泳がせ捜査の顚末を、逮捕後の取り調べの際に検事に詳しく話しています。検察は「自分の犯罪を警察組織に責任転嫁するための言い訳」として取り合いませんでしたが、弁護士は信用してくれて、裁判の被告人質問で二度、泳がせ捜査について質問しました。最初は第四回公判で弁護士の質問に応える形で、二度目は論告求刑公判で、上申書の内容として読み上げました。上申書の一部を抜粋して紹介します。

〈公判では申し上げませんでしたが、この泳がせ捜査は税関と合同で実施した捜査であり、警察と緊密な連携により実行されました。泳がせ捜査の失敗は結局関係者全員が秘密とすることにより、闇に葬られましたが、皮肉にも私の事件によって露見したことになりました〉

私は泳がせ捜査について、裁判で証言していたのです。また、弁護士を通じて、当時のことを知る下村仁に法廷で証言してくれるよう、お願いもしました。案の定、下村は「組織に属する身だから」と断ってきましたが。

法廷では覚醒剤一三〇キロという量と、大麻二トンの密輸は明らかにしませんでしたが、平成十七年（二〇〇五年）に元上司の原田宏二さんが著書『警察内部告発者』（後に『たたかう警官』と改題）のなかで、私からの手紙を紹介する形で数量を明らかにします。

その後、北海道新聞が関係者に取材を行い、〈道警と函館税関「泳がせ捜査」失敗〉と題して、この件について報じました。取り調べの際にはまったく信用してくれなかった検事ですら、北海道新聞による報道の後、刑務所にわざわざ会いに来て「あのときの話は本当だったのか」と私に話しました。ただし、その後、事件の存在を認識していたはずの検察が、捜査に着手することはありませんでした。

また、道警は泳がせ捜査失敗を報じた北海道新聞に激烈な抗議を行い、その圧力に屈した北海道新聞上層部は、〈裏付け要素に不十分な点があり、全体として誤った印象を与える不適切な記事〉とお詫び記事を掲載してしまいます。その後、泳がせ捜査の真相はどのメディアでも追及されないままとなりました。私の法廷での発言や検事への供述は、一犯罪者の世迷い言として片づけられてしまったようです。

しかし当時、銃対課に籍を置いていた山崎孝次課長、自殺した片山俊雄次席、前原忠之指導官、大塚健課長補佐は、この事実を正確に把握しています。またすでに銃対課を離れていましたが、以前銃対課で私の上司だった脇田雄二や、下村仁にも私は、この泳がせ捜査について相談をし、経過を報告しています。

私は組織にいた人間として、泳がせ捜査の名を借りた犯罪行為は決して表に出すことのできない事実であることをよく知っています。しかし私の上司たちは、この責任を私同様に背負っていかなければならないとも思うのです。前述のように、一三〇キロの覚醒剤を入れたときに大塚健が「これで俺たちも、重い十字架を背負っていくことになったな」と私に言いました。その十字架はまだ消えていません。

第九章 薬物密売

もっとも安全な覚醒剤の輸送方法

平成十一年（一九九九年）冬、私は新千歳空港でエスの岩下克行を待っていました。羽田発の飛行機で札幌に戻った岩下を、私が業務で使っている覆面パトカーに乗せました。助手席に座った岩下は手荷物の中身を見せて私にこう言いました。

「一キロあります」

「すげえな。飛行機で運んで大丈夫だったのか？」

「国内線は覚醒剤の検査はしてませんよ。親父も知ってのとおり、ヤバいのは道路です。職質されたら終わりですから」

岩下は東京から覚醒剤を仕入れて戻ってきたところでした。私は覚醒剤を抱えた岩下を札幌市内の自宅近くまで送り届けたのです。

数日後、岩下に覚醒剤の仕入れを頼んだヤクザからこう告げられました。

「助かりました。そちら（岩下と私）の取り分は二〇〇万円でいいですか」

このとき、私は覚醒剤の密売に初めて加担したのです。

岩下が私に新千歳空港から市内までの送迎を頼んだのは、私が道警の刑事だったからです。岩下が言うように、当時は航空機の手荷物検査で薬物が引っかかることはありませんでした。X線検査では砂糖のようにしか見えない覚醒剤を、素人の検査官が見抜くことは事実上、不可能だったのです。ただし、覚醒剤を国内便で運ぶことはできても、それを車で運ぶことが難しい。警察は不審車両を見かけると躊躇なく職務質問をかけます。このリスクからどう逃れるかが、覚醒剤を運ぶときのポイントでした。

そこで岩下が目をつけたのが、私が乗る公用車でした。刑事が乗る車は、職務質問などの捜査の対象にされることは絶対にありません。つまり岩下は、覚醒剤をもっとも安全に運搬できる方法を手に入れたのです。

岩下は覚醒剤の密輸、密売に警察組織を利用する手口を以前から頭のなかで思い描いていました。そのきっかけとなったのが、第六章で述べた「警察庁登録五〇号事件」です。

このとき岩下は、警察の保護の下で活動することの利点に気付いたのです。拳銃にせよ、覚醒剤にせよ、警察の関与の上で手に入れることができたら、自分が逮捕されることは絶対にあり得ない。そして私のエスであることを利用し、ときには私に協力しつつ、ときには私を使って覚醒剤を仕入れるようになりました。

私はこの岩下の行動を容認しました。新千歳空港での一件は、私が積極的に覚醒剤密売に関与するきっかけにもなりましたし、その後、私自身が覚醒剤を仕入れて、密売する転機となりました。

岩下はさらに、「コントロールド・デリバリー」や「クリーン・コントロールド・デリバリー」といった泳がせ捜査を利用して拳銃や覚醒剤を密売する方法を考案します。岩下の陰謀は平成十二年四月、道警の泳がせ捜査の名のもとに一三〇キロの覚醒剤の密輸に成功したことで結実しました。この直後に岩下は姿を隠しますが、それ以降も私は覚醒剤の密売から手を引くどころか、積極的に関わっていくようになったのです。

一キロ三〇〇〇万円

刑事の立場を利用して、覚醒剤の密売に加担する。岩下が描いた密売方法を当時の私は積極的に容認します。もちろん、警察官として犯罪に加担することは絶対に許されません。しかし、実際の捜査現場は理想だけでは成り立たない現実もあったのです。

　上層部が元々は税金である公金をもとに、先に述べた方法で裏金を作っていることは知っていましたが、私たち現場の刑事には捜査費はほとんど降りてきません。出たとしても、拳銃一丁を押収して一万円といった程度のものです。どうしたって採算が合いません。エスと親密な関係を保持して情報を収集し、成果を上げるにはどうしたってカネが必要でした。

　銃をコインロッカーに入れたり、ロシア人をやらせ捜査で逮捕して裁判で偽証したりするような違法捜査も散々行ってきました。私の職務への考え方も正常ではなかったのです。

「覚醒剤の一キロや二キロを私が動かしたところで、どうということはない。一円盗むのも、一〇〇万円盗むのも同じ泥棒だ」

　当時の私は、もはや善悪の判断すらつかなくなっていたのです。

　エスたちとの関係を続ける上で、覚醒剤の密売は効果的でした。

　これまで生活に困っているエスには自腹を切ってカネを貸したり、飯をおごったりして私は貯金を取り崩してきました。私の苦労を知らない上司の下村から「お前、すげえな。借金してまでエスに金を貸してるのかよ」とからかわれもしました。上司たちは私の苦労など顧みることはなかったのです。それでも私はエスたちとの関係を維持するために、必死でカネを用立てていました。

そんな経済的負担は、覚醒剤の密売で一挙に解消されます。


また私は常々、エスとは共犯に近い関係になることが必要だと考えていました。情報を持っているエスに巡り合って、信頼を得るためには、時にはエスたちの犯罪に目をつぶる必要があります。そうしないと情報を取れないからです。

暴力団絡みの事件が発生し、「(事件について) 何か知っているか?」と上司に聞かれて、瞬時に情報を集められない刑事は優秀な刑事とは言えません。ましてや銃対課に配属になってからは、エスとの関係ひとつが実績に大きく影響しました。

「あと一丁で新記録なんだがな」

上司にこう言われて、すぐに銃を用意するためには、エスたちに多くの便宜を図る必要があったのです。そして、もっとも手っ取り早い方法が、刑事の立場を利用して共犯関係になることだった。当時の私に迷いはありませんでした。というよりも、覚醒剤の密売をしない理由のほうが見つからなかったと言ってもいいかもしれません。

現場の刑事にすぎない私には、組織的な裏金作りを根絶して、捜査費が現場に回るようにすることもできません。エスたちのカネの手当てをして情報を得る、そして拳銃を出すために、私は密売に手を染めてしまったのです。

当初は岩下たちが東京から持ってくる覚醒剤を運んだり、預かったりする程度でしたが、あるときから私が電話で覚醒剤を直接注文するようになりました。購入先は関東にいる知り合いのヤクザです。

「ちょっと回してよ」

「道具（拳銃）ですか？」

「いや、シャブだよ」

刑事が覚醒剤を注文するのですから、相手のヤクザもさすがに驚いていました。しかし、向こうもいい商売相手と考えたのでしょう。それ以降は仕入れがあるたびに、私に連絡が来るようになりました。

私は一回の取引で、二、三キロの覚醒剤を注文しました。覚醒剤の用意ができたと連絡があると、私からエスに電話をします。そのエスの指示を受けた若いヤクザが二人、東京に覚醒剤を引き取りに行くのです。一人はカネを預かって、相手と取引を担当するヤクザが派遣されました。そして、もう一人は試し打ちをする人間です。その男は「モルモット君」と呼ばれていました。覚醒剤にも良し悪しがあり、不純物が多く含まれる覚醒剤は効きが悪い。ですから取引には試し打ちが絶対に必要でした。

モルモット君の感想を聞いた取引担当のヤクザが、購入の最終判断をします。取引が成立すると、二人のヤクザは覚醒剤を携え、帰路は苫小牧《とまこまい》行きのフェリーに乗って戻ってきました。飛行機と同様、フェリーのなかで覚醒剤が摘発されたり、警官に職務質問をされたりすることはほとんどありません。東京から北海道まで、公道を車で走るよりはるかに安全です。苫小牧に到着してからは、私が港まで迎えに行き、私個人で借りているアジトで覚醒剤を預かりました。

平成十二年当時、覚醒剤は仕入れ価格で一キロ二〇〇万～三〇〇万円でした。これをパケ（小袋）に小分けして、〇・三グラム（三回分）が一万円程度で売れました。一グラムで三万円以上するわけですから、一キロさばけば三〇〇〇万円くらいになる計算です。これを岩下をはじめとするエスたちやその関係者にさばかせて、私はその見返りをもらっていました。私はいわば〝仲卸〟の役目を果たしていたのです。

覚醒剤密売はエスを養うため

そもそも道警銃器対策課がやっていた捜査は、銃器を摘発するための捜査ではありません。極端に言えば、知り合いのエスに拳銃を持たせて自首させれば、それで済む仕事です。内偵や家宅捜索など本来の捜査はほとんどの場合必要ありませんでしたから、私には時間の余裕がありました。覚醒剤の受け渡しなどでエスたちと会っているほうが、銃の情報も入手することができ、仕事になるくらいでした。

覚醒剤の他にも、あらゆる薬物が手に入りました。ロシア人マフィアから大麻を入手したこともあります。よく私に「お土産」と言って大麻を持ってくるロシア人マフィアがいたのです。ウズベキスタンが産地の大麻だと聞きましたが、大変な上物でした。

他にも缶に詰められたハシシ（大麻樹脂）などが、堂々と入ってきました。大麻やハシシも、ロシア人マフィアを通せば、簡単に手に入りました。ただし、北海道で需要があるのは覚醒剤か大麻だけです。ハシシはまったく売れないので、本州に流します。違法薬物の一種で、以前芸能人の使用などで世を騒がせたことがあるＭＤＭＡも東京で手に入りましたが、それも北海道ではまったく売れませんでした。

一度、こうした密売に手を染めると、もう後戻りはできません。いつしか、私を中心に多くのエスたちのシノギが回るようになっていました。

覚醒剤の密売の目的はエスたちのシノギのためですから、私にはとくに「マージンを取って儲ける」という考えはありませんでした。仕入れで使った分のカネが戻ればそれでいいと思っていたのです。ところが、エスのなかには売上金から自分が欲しい取り分をとったら、あとはすべて私に戻す者もいました。そのため、仕入れ分の二〇〇〇万〜三〇〇〇万円はあっという間に回収できた。回収できるどころか、私の部屋には現金が驚くほどのスピードで集まってきました。ゼロハリバートン社製のジュラルミンケースいっぱいに札束が詰められていたほどです。正確な金額は数えたことがないからわかりませんが、数百万円から数千万円単位の札束がいつでもありました。

ガサをかけられることのない絶対に安全な場所、つまり私のアジトに覚醒剤があり、それを売買することができる。エスたちにとって、リスクの非常に小さい覚醒剤の密売です。この恩恵にあずかっているほうが、どんなシノギよりもうまみがあるわけですから、警察に密告したりカネを持ち逃げしたりするようなエスはいませんでした。

覚醒剤の密売に関わったエスは全部で六人いました。渡部真もその一人ですが、他のエスたちも私と関係の深い男たちでした。拳銃を持ってきたり、自首減免制度を使って自首してくれたり。私は道警の実績作りに協力してくれるエスたちに、負い目もあったのです。

上司たちは私が拳銃のみならず、覚醒剤をいつでも用意できることを知っていましたが、そのことについて疑問すら抱いていなかったように思います。それは私が暴力団関係者や覚醒剤を扱う連中と親しく付き合っていて、エスとして使っていることを理解していたからです。捜査で違法薬物を購入することも上司たちは許していました。

ある日、真が大麻を持ったロシア人がいると報告してきました。

「今回はロシア人の顔を立てて大麻を買っておいて、次に拳銃を持ってこさせろ」

このときは真にこう言って、私はすぐに大塚健課長補佐に連絡を入れています。

「——というわけで、大麻を購入したい」

「おう、それでいいじゃねえか」

決裁をもらった私は真にカネを渡して、大麻を買わせました。その大麻は真がどこかに転売して小遣い稼ぎにしたと記憶しています。大塚課長補佐も、私が捜査のために購入した覚醒剤や大麻がエスたちの手に渡っていることくらいは知っていましたし、片山俊雄や下村仁も同じでした。

当時、下村は銃対課を離れ、外国からきたスパイやテロリストといった外国人犯罪者を取り締まる警備部外事課に移っていました。その下村が、銃対課の所属する生活安全部に、ロシア人の覚醒剤や人身売買の捕り物をやろうと持ちかけてきたことがありました。こうした捜査は警備部特有の打ち上げ花火で、大した成果が上がらないのが常です。このとき、私は下村に、ロシア人と覚醒剤取引をしている人物の面を割りたい（特定すること）と、相談されました。

「だったら、エスを使ってそいつに覚醒剤を売りましょう。取引の現場に現れたところを、写真に撮ってしまえばいい」

真に覚醒剤を渡して、喫茶店で取引をさせ、男の人相を写真におさめました。このときも下村にせよ、他の銃対課の上司にせよ、覚醒剤の出所を疑問にも感じていませんでした。私がその覚醒剤をどこから用意したのか、問われることはなかったのです。

銃対課には、捜査上の必要から購入した覚醒剤や大麻を使って私のエスがシノギをしていることくらいは、暗黙の了解としてあったということです。

とはいえ、私が自ら覚醒剤を購入して、それをエスたちに売りさばかせていたということまでは、夢にも思わなかったかもしれません。

しかし、エスたちとズブズブの関係になっている銃対課の状況について、上司たちは心のどこかで不安に感じていたのでしょう。銃対課を離れれば、それまでに利用してきたエスとの関係を断ち切ろうとする人ばかりでした。そのような上司たちの態度に敏感に反応したのが、渡部真でした。同時に私自身も銃対課から離れることで、破局へ向けて歩みを速めることになります。

アジト

ともに覚醒剤などの密売をしているエスたちとは、毎日のように集まって飯を食っていました。私と同様、酒が飲めない連中ばかりで、寿司やとんカツを食いに行っては覚醒剤や拳銃の話をする。毎日がその繰り返しでした。そのときの飯代はすべて覚醒剤の密売で得たカネから出していました。

私は銃器捜査に携わるようになってから、自宅とは別に常時二ヵ所のアジトを持っていました。月二〇万円ほどのアジトの家賃や、エスたちとの交際費はすべて自腹です。それを考えれば、覚醒剤の密売で経済的には随分と楽になりました。私が逮捕されたとき、「稲葉は高級外車を乗り回し、複数の女を愛人として抱え、警察官とは思えない派手な生活をしていた」と噂されました。たしかに車が好きで、外車を頻繁に買い替えていたので、そう映っても仕方なかったのかもしれません。

最初はシボレーのSUV、サバーバンに乗りましたが、しばらくするとそれを売却し、ダッジのアメ車を買いました。ハーレーダビッドソンのバイクにも乗っていました。この資金もすべて覚醒剤の密売で得たものです。平成十三年に入ると、今度はポルシェが欲しくなったので、ローンを組んで買いました。毎月九万円の返済です。現金があるのにローンを組むとは、今考えれば随分おかしなことをしていたと思います。悪銭身に付かずと言いますが、覚醒剤の売り上げは蓄財には一切回りませんでした。出所後、私が当時集めていた現金を隠していると噂する人もいるようですが、まったく手元には残っていません。

銃対課に配属されてから、私は自宅を離れてひとりマンションで生活をしていました。これには理由があります。暴力団関係者と密接に付き合っているわけですから、自宅で生活していると、家族に迷惑をかけるおそれがあったのです。前に述べたように、私はエスたちの自宅も知らないようにしていたぐらいですから、私自身も他人に住居を把握されることを警戒していました。過去には無理な捜査を行い、公務執行妨害で逮捕したヤクザもたくさんいます。どこで恨みを買っているかわかりません。アジトで生活することは、自分自身の危機管理の一つでもあったのです。

同じ場所に留まっていれば、その分、危険も高まります。そのため、アジトの引っ越しも頻繁に行いました。札幌市内の億ションを借りたこともあれば、普通のアパートのワンルームのときもありました。これまでに転々としたアジトを数えると、おおむね毎年、引っ越しをしていた計算になります。仕事柄、どうしても定期的にアジトを変えたくなったのです。

頻繁に引っ越しを繰り返したことから、いつしか札幌市内のマンションは大方把握するようになりました。おそらく下手な不動産屋よりは詳しかったでしょう。

私が逮捕された後、「覚醒剤の密売で儲けたカネでマンションを建てた」と一部で語られているようですが、不動産への投資は覚醒剤の密売とは関係ありません。密売での売り上げはエスたちとの交際費やアジトの家賃、車の購入費などには使いましたが、不動産の購入資金はすべて銀行が融資してくれたものです。

平成十一年頃、私は札幌市中央区南十条のマンションを二部屋購入。平成十四年には北区北四十条にワンルームマンションを一棟建てました。

南十条のマンション二部屋は、人に頼まれて買ったものです。北海道銀行に相談に行くと、融資担当は乗り気になり、すぐに二〇〇〇万円ほど融資してくれました。メゾネットタイプで気に入ったので、一部屋を賃貸に出して、一部屋はアジトにしました。

北四十条に建てたワンルームマンションは、十七部屋ありました。バブル崩壊のしわ寄せが、中小ゼネコンを直撃していた頃でした。あるゼネコンの経営が苦しくなっていた折、旧知の間柄だった社長から購入を持ちかけられたのです。そのマンションは一部屋四万円で貸し、その家賃収入から月々三〇万円くらいを返済していました。

その後もゼネコンの社長は「あと一棟建てれば、仕事をやめられるよ」などと言って、マンションの購入話を持ってきました。私は乗り気でその話を進めていたのですが、結局、着工する前に私が逮捕されてしまいました。

当時、私の年収は額面で一〇〇〇万円程度で、この時代は銀行が公務員に積極的にカネを貸してくれたのです。私はこの他に、すすきののラブホテルも購入する計画を立てていました。それができるくらい、銀行は公務員を優遇して融資をしてくれていました。

余談ですが、私が逮捕されたとき、北海道銀行は「契約違反だ」と言い出して、南十条のマンション二部屋を競売にかけてしまいます。私個人の銀行口座も一方的に解約されたそうです。道銀は融資も早いが、手のひらを返すのも早いのでしょう。競売にかけたりしなければ、あの部屋はもっとまともな金額で売れていたでしょうに。

私の不動産購入は、覚醒剤密売の利益で派手な生活を送っていた証拠に見えるでしょうが、私にとっては銀行やゼネコンの社長が金を貸してくれるから、マンション経営を始めただけのことでした。

このマンションのうち、南十条の一室は覚醒剤密売の拠点で、私が逮捕された後に大掛かりな家宅捜索が行われました。そのマンションは車庫がついていて、私はそこを拳銃の保管庫として使っていました。また南一条にも借りていたアジトがあり、そこにはもっとも多いときで一〇〇丁近い拳銃を保管していました。

道警銃器対策課に籍を置いていた平成十二年にはすでに日常的に拳銃や覚醒剤に囲まれた生活を送っていたのです。

なお、私の記憶では、逮捕された当時、七〇〇グラム程度の覚醒剤がアジトにあったはずです。しかし、これは道警の家宅捜索でも押収されませんでした。また、いくらあったのかは覚えていませんが、取引で得た現金もすべてその行方はわからないままとなっています。誰かがアジトから持っていったのかもしれません。

第十章 逮捕

生特隊への異動

平成十三年（二〇〇一年）三月、私は警部に昇任することが決まり、八年間勤めた銃器対策課から離れることが内定していました。そんな時期に、すでに銃対課を離れていた大森亮二課長の音頭で、銃対課のＯＢ会が開かれました。脇田雄二元次席や、下村仁も加わって昔話に花を咲かせました。

無茶苦茶なことをやってきましたが、一緒に仕事した仲間が集まって、久しぶりに気分がよくなった私は、上司の前でも饒舌《じょうぜつ》になっていました。そこで下村にこう声をかけました。

「このメンバーでまた集まって、銃対やりたいですね」

次の瞬間、場の空気が凍りつきました。そして下村はこう返したのです。

「冗談でねえよ」

私とともに数々の違法捜査に手を染めた上司たちは、本心では一刻も早く銃対から離れたかったということなのでしょう。

一方で私は八年間も銃器捜査ばかりをやってきたので、異動に一抹の不安を感じていました。しかも警部になるので、いずれは管理職に就くことになります。畑違いのところに異動になるのだけは勘弁してほしいと思っていました。

そんな私に脇田雄二が気を遣って、こう声をかけてくれました。

「稲ちゃん、これからどうしたいんだ？　署に出たいのか、本部で刑事やっていたいのか？」

「どうするって言われても、そんな希望は通らないでしょう。少し他の部署も経験して、いつか銃対に戻ってこれればいいのかなって思います」

エスたちとの付き合いもありますから、突然、経験のない少年課などに配属されると、これまでの人脈を活用することができません。私はいったん他部署に転出するとしても、いずれは銃対課かマル暴の仕事に戻るつもりでいました。

異動の内示がある直前に、以前の銃対課長、大森亮二から呼ばれました。そのとき、大森が私の異動先についてこう示唆しました。

「小樽にかみさんと一緒に行って、ちょっとのんびりしてこいや」

異動先は小樽署だと、内々に告げられたも同様でした。小樽では、ハッサンや渡部真が中古車販売をやっています。盗難車の密輸が横行していて、ロシア人マフィアも頻繁に買い付けに来る。そのため、盗難車密輸の摘発を虎視眈々《こしたんたん》と狙う小樽署には、ハッサンや真をエスとして使っている私のことを疎ましく思っている刑事もいます。ハッサンや真が中古車販売をしている現場の管内に足を踏み入れるのは、かえって面倒だとも考えました。ただ、もうこれは決まった話だと思い込んで、ハッサンと真に話をしたのです。

「異動は小樽署みたいだな」

二人は私の異動を喜んでいました。

「親父が小樽に来るなら、俺たちも心強い」

ところが正式な辞令は、本部の生活安全部に留めるというもので、生活安全特別捜査隊への配置替えでした。後で事情を聞いたら、こんな話が上層部であったそうです。各署の生安課では地域住民に防犯対策の講演をする仕事があるのですが、「稲葉に老人や子どもの前で講演なんかできるわけがないだろう」と。確かにその通りでした。

平成十三年四月、私は道警本部生活安全部生活安全特別捜査隊（生特隊）に異動し、第三班長を拝命しました。生安部は銃器対策のほかに、たとえば風営法違反や薬事法違反などを取り締まる部署です。生特隊は、繁華街の風俗店が法律に違反していないか、野球場などでダフ屋行為が行われていないか、パチンコ店に違法機種はないかといった捜査をします。そして、私が班長になった三班は、覚醒剤や拳銃に関連した独自捜査をすることが主な任務でした。これまでの経験を活かせるし、部下にも恵まれたので、この異動について不満はまったくありませんでした。

ただ生特隊に異動してからも、しばらくは銃対の仕事をしていました。第八章で述べた、税関に花を持たせるためにロシア船に二〇丁の拳銃を仕込むという、泳がせ捜査の〝残務処理〟もありました。また銃対課の新課長に「手土産を何丁か置いていけ」と言われたのです。そのときは真がどこからか、三丁引っ張ってきました。真はヤクザかロシア人マフィアにうまいこと吹っ掛けたようです。

「今度、俺の親父が銃対課を離れた。これからは親父がいたときみたいに自由は利かねえぞ。なんかあったときのために、早めに銃対課にあいさつに行ったほうがいい。拳銃が三丁もあれば大丈夫だ」

このようにして私は八年間従事した銃器捜査からいったん離れ、平成十三年六月、東京の警察大学校へ研修に行きました。

警察大学校

五十歳以下で警部に昇任した者は、東京にある警察大学校での研修が義務付けられています。私も例に漏れず、東京都府中市にある校舎で三ヵ月間、研修を受けました。

警察大学校は平成十三年に中野から府中に移転しました。当時は新設されたばかりで、その贅沢な造りには驚かされました。寝泊まりするワンルームの個室は、エアコン完備はもちろんのこと、ベッドにもラジオと目覚まし機能つきの時計が埋め込まれていました。各部屋に風呂とトイレが付いているのに石造りの大浴場まであって、まるでちょっとしたホテルです。食堂はいつでも飯が食べられましたし、別棟に行けば居酒屋もある。コンビニエンスストアや各銀行のATMも完備され、施設内だけで暮らせるほどでした。

研修には警部になりたての刑事が数百人集まっていましたが、その全員を収容できる大講堂もありました。そこで校長が、「この警察大学校は一〇〇億円かけて造った」と自慢していました。研修を受けている警部のなかからは、「こんなものを造るカネがあるなら、少しぐらい捜査費に回してくれてもいいんじゃないか」とグチが漏れるほど、豪勢な施設でした。

施設は豪華ですが、研修は驚くほど退屈でした。警視以上の偉い階級の人たちが授業を受け持ち、彼らは「教授」と呼ばれていました。講義のほとんどが教授の自慢話で、実のない話がダラダラと続く。日程のなかには運動会まで設けられています。いい年をした刑事たちが綱引きをさせられたのですから、この研修がいかにくだらないものかはわかってもらえるのではないでしょうか。

講義よりも、研修生同士で話をするほうが余程勉強になりました。警視庁や神奈川県警の生安畑を歩んできた刑事と仲良くなり、この人脈は今後役に立つだろうと思いました。

警部研修以前に警察大学校に銃器対策の研修に行ったことがありましたが、そのときも全国の銃対の捜査員と内情を話し合いました。「家に拳銃を保管している」とか「女房に拳銃を見つかって、どやされた」とか、そんな話があちこちの刑事から聞かれました。どこも道警の銃対課と大差ないことをやっていると妙に得心したことを覚えています。

この研修中、気がかりな連絡が北海道からありました。記憶が定かではありませんが、確か下村仁からだったと思います。

「真のことで何か聞いてるか？」

妙に深刻そうな声で話をするので、私は不安になりました。

「真が片山さんを脅してるらしい。なんとか言ってやってくれ」

ところが、真とは一向に連絡が取れません。また同じ頃、私が当時付き合っていた女からも電話がありました。

「真さんが『（警察に）パクられる』って言ってるんだけど」

私はどうせまたカネが欲しくて、騒いでいるだけだろうと思いました。真が逮捕される理由も思い当たりません。ただ、私が知らないところで真が何か悪巧みをしていてもおかしくはない。女にはこう言いました。

「真には三〇万円渡しておけ。そのカネでどこかに行ってろと伝えてくれ」

真はこのときを境に、少しずつ様子がおかしくなっていきました。ただし真は、いつもハルシオンを飲んでは記憶をなくしているような男でしたから、当時の私はそこまで気には留めませんでした。

失脚

その年の八月、警察大学校での研修を終えて千歳空港に着いたとき、真は私を出迎えてくれました。同時期に研修を受けた同僚の成績表を届けに本部に立ち寄った後、アジトまで送ってもらいました。真は、そのときはとくにおかしなそぶりを見せませんでした。

ところが翌日、私が琴似にある生特隊本部に出勤すると、真が片山を脅したという件が深刻な問題に発展していました。

真の脅しはかなり執拗《しつよう》だったようです。片山は銃対課を離れて、小樽署の副署長になっていましたが、そこに電話をかけ、頻繁に脅迫していた。すぐにその理由を尋ねると、真は片山のことが「許せない」と話していました。

真は最初、あいさつに行っただけでした。片山が小樽署に異動になったので、昔のよしみもあるし、中古車販売業をやる上でも、警察との関係を続けたかったのでしょう。ところが片山は、あいさつに来た真に「俺はもうお前らとは関係ないんだ」と吐き捨てるように言ったというのです。

「銃対課で散々利用して、こちらもあれだけ協力したのに、役目が変わるとこうも変わるんですか」

頭にきた真は、この一件以降、片山を脅し始めたというわけです。

「ロシア人の裁判での偽証や、泳がせ捜査のことを俺は知ってるんです。これまでの銃対課の悪行を検察に告発してやる」

片山は気の弱い人でした。真の度重なる脅しで精神的にまいってしまったのでしょう。かつての銃対課の仲間に助けを求め、その連絡が警察大学校にいた私にも届いたというわけです。


真が片山を脅した、その責任はどういうわけか私一人が取らされました。生特隊隊長から呼び出しがあり、こう告げられたのです。

「稲葉、配置替えだ」

「なぜ……ですか？」

私は事態が飲み込めないまま、道警本部に連れていかれました。本部では生活安全部の参事官の二人が待っていました。

「渡部真はお前のエスだろ」

　参事官がこう切り出しました。そして、私に向かって罵詈《ばり》雑言《ぞうごん》を並べ立てたのです。このときの彼らの発言は聞くに堪えないものでした。

「(道警を脅すような)あんな男をエスとして使って、何を考えてるんだ」

「お前は真とハッサンが盗難車を密輸しているのを知ってるのか？　知っていてやらせてるんだろ！」

　真が片山を脅したのは事実ですが、真をエスとして利用したのは道警銃対課という組織です。銃対課のエスとして名簿にも記載され、私が銃対課を離れた後も、上司たちは真を利用していました。当時、斜里《しゃり》署長だった脇田雄二は、真に拳銃二丁を斜里に運ばせているのです。それなのになぜ私だけが責められなければならなかったのでしょうか。

　おそらくこのとき、片山は自分に責任が及ばないよう、「真は稲葉のエスで、自分には関係ない」というような報告を署長などの上層部にしたのでしょう。そうでなければ私だけが責任を負わされる道理がありません。

　参事官は最後に、私への不満を滔々《とうとう》とまくしたてました。

「俺はお前が、夜に捜査やってるのが気に食わなかったんだよな」

「だいたい、俺はお前の存在が目障りだったんだ」

「お前が警察を辞めればみんなが喜ぶんだよ」

そして最後にハッキリとこう言われました。

「お前は今後、拳銃の捜査は一切やるな。もう、何もやらなくていい」

私は生安部生特隊の班長のまま、銃器と薬物の捜査から外され、生活経済の仕事に回されました。これまでの実績がすべて否定され、仕事から干されてしまったのです。このときの悔しさは筆舌に尽くしがたいものがあります。私は警察組織の要求に応えるために、大量の拳銃を押収してきました。その警察官人生が、根底からひっくり返されてしまったのです。


生活経済担当は、企業の違法行為を取り締まることが主な仕事でした。私はまったく勝手がわかりませんでしたし、付いた部下もエスを一人も持っていないような捜査員ばかりでした。仕事の役には立ちません。「何もやるな」と言われていましたが、このままでは私も組織のなかで朽ち果てていくだけだと思い、気を取り直して知り合いの暴力団関係者に電話しました。

「産業廃棄物の情報とかはないか？　違法行為をやっている業者の話を聞いたらすぐに知らせてくれ」

「親父、そんな仕事をしているのか？　わかった。探してみる」

動いてみると、それなりに情報は集まるもので、私のエスたちは化粧品の商標法違反や、産廃の不法投棄の話を持ってきてくれました。それを報告書にまとめて、上司に提出しました。しかし、上司たちは何一つ事件として取り上げてくれることはありませんでした。私は徹底的に組織から拒絶されるようになったのです。

屈辱でした。それまで私は上司の望むように仕事をして、成果を上げてきたという自負があります。上司の命令には逆らわず、拳銃捜査ではどんな危ない橋でも渡りました。それなのに組織ぐるみで運用したエスが起こした不祥事の責任をすべて私に押し付けて、冷や飯を食わせる。これまでの警察人生がすべて否定されたように感じ、空しさがこみ上げました。

片山を脅した真を責めることなどできません。あのような切り捨て方をされれば、真が怒るのも当然です。そして私も一緒に切り捨てられたのかと思うと、今さらながら警察組織の仕打ちに絶望的な気分になりました。

「もう、どうでもいい」

人間は壊れるものです。私の精神は、徐々に崩壊していきました。

覚醒剤の魔力

自暴自棄になった私は、アジトに戻ると、覚醒剤を手にしました。人間として許されない一線を、ついにここで踏み越えるのか――。逡巡《しゅんじゅん》したのは、ごくわずかな時間だったように思います。一刻も早く、この絶望感から逃れたい。当時の私には、それだけしか考えられなかった。覚醒剤の白い粉をアルミホイルにのせてライターで炙《あぶ》り、煙を吸い込む。平成十三年十一月、私は初めて覚醒剤の魔力を経験したのです。

気分が高揚するという表現ではもの足りません。鬱屈《うっくつ》した気分が、一気に百八十度転換するとでも言えばいいのでしょうか。それまでの悩みが取るに足らないものに思えて、ただひたすら恍惚《こうこつ》感に満たされるのです。当初はこの状態が丸一日続きました。効果が切れると、また吸い込む。ただし、何度も使用するうちに、覚醒剤の恍惚感は段々と薄れていきます。わずか半月ほどで、吸引では物足りなくなって、さらなる快感を求めるようになりました。注射器で体内に直接、覚醒剤を入れるようになったのです。

「打ってくれ」

私は真を呼び出して、こう頼みました。私は腕の血管が表面に浮き出ないので、自分ではどこに注射針を刺していいのかわからなかったのです。

真は私の足の甲に注射できそうな静脈を見つけました。水に溶いた覚醒剤を注射器に入れて、その静脈に針を突き刺します。一瞬、血液が注射器に逆流した後、注射針を伝って覚醒剤が私の体内に流し込まれていきました。

それと同時に頭を殴られたような衝撃が走り、次の瞬間、全身に快感が走ります。注射を体験してしまうと、炙って吸うことが子どもの遊びのように感じるほど、とてつもなく激しい恍惚感でした。一瞬たりとも覚醒剤なしでは過ごせない。そんな状態になるのに、時間はかかりませんでした。

覚醒剤を常用すると体の筋肉が収縮して食道が狭くなり、多くの場合、声が高くなります。また瞳孔《どうこう》が開いたままになるので、目がキラキラと光る。多少の覚醒剤の知識のある刑事なら、使用者の目を見ればすぐにわかります。私も覚醒剤使用者を幾人も逮捕してきましたから、そんなことは百も承知です。それでも、私は覚醒剤を使用した状態で出勤していました。とはいえ、職場にいても仕事はありませんから、しばらくすると外出する。そのままアジトに戻り、また覚醒剤を打つ。そんな毎日を過ごしていたのです。

部屋には無造作に覚醒剤が置かれていて、飼っていた犬が舐《な》めてしまったこともあります。犬も人間と同じく、覚醒剤を舐めると高揚するようです。そういうときは風呂に入れて発汗させ、薬を抜かなければなりませんでした。

日常的に覚醒剤を体に入れているので、日々の記憶も途切れ途切れでした。ある日、ラーメンを食べて車に乗ると、助手席に紙袋が置いてありました。開封すると、なかにはロシア人マフィアから譲り受けたPSMという拳銃が入っていました。

当時はすでに拳銃捜査から外れていたので、拳銃はほとんど処分していました。ただ、このPSMは珍しい拳銃でしたし、いつか必要なときにクビなし拳銃として出そうと保管しておいたのです。いずれ銃対に戻れるという淡い期待もどこかに残っていたのかもしれません。ただこのときは、なぜ助手席にその拳銃が置いてあったのか、どうしても思い出せませんでした。誰かが私を陥れようとしているのかとも考えましたが、そんな形跡もありません。もはや私は自分の行動すらコントロールできなくなっていたのです。


それまで頻繁に会っていたエスたちとも、だんだんと疎遠になっていきました。私には警察の仕事がないのですから、エスにとっても私と付き合うメリットはありません。孤独でしたが、覚醒剤があったので、気分だけは満たされていました。

こんな生活を半年ほど送ったある日、エスの一人にこう言われました。

「親父、覚えておいたほうがいい。シャブをやめるときは、パクられるときですよ」

まったくそのとおりでした。しかし、こんな警告ですら、当時の私には取るに足らない言葉でした。覚醒剤の常用で、思考能力が完全に欠落していたのです。

当然のことながら、覚醒剤による恍惚感は長続きしません。注射した直後こそ意識は高揚しますが、効果が切れると塞《ふさ》ぎこむ。そしてまた量を増やして注射するという完全な悪循環に陥ります。

私はこの頃になると、注射器で体に針を刺すこと自体が快感になっていました。自傷行為で体中は注射痕だらけになり、覚醒剤で意識が朦朧《もうろう》としたまま、アジトの部屋で拳銃を暴発させたことも一度ではありません。そして、覚醒剤が切れると、いつも頭に浮かぶのは「どうやって死のうか」ということでした。部屋で一人、覚醒剤に溺れながら、「死にたい、死にたい」と、廃人のような生活を送っていたのです。

「真はもうダメだ」

「稲ちゃん、真の様子がおかしい。あんたも気をつけたほうがいいぞ」

平成十四年（二〇〇二年）五月頃、すすきので食料品店を営む男性から連絡がありました。この男は真に五〇〇〇万円ほどカネを貸していました。札幌市内にある喫茶店で、返済を促したところ、真が殴りかかってきたと言うのです。店員に制止された真は自ら一一〇番通報して、駆け付けた交番の警察官に逮捕されました。このときは、男性が被害届を出さなかったので、すぐに釈放されましたが、すでにその行動は支離滅裂だったのです。

真はこれ以外にも借金があり、取り立てに苦しんでいました。詳細を私は関知していませんが、少なくとも四〇〇〇万円程度の借金があり、追い込みを受けていたようです。私は真の借金の相手はハッサンとも関係の深いパキスタン人の男だったのではないかと考えています。ハッサンの真への態度が、以前と違って厳しいものに変わっていったからです。

ある日、ハッサンと飯を食っていると、私にこう言ったのです。

「おいさん、真はもうダメだよ。あまり相手にしないほうがいい」

「何があったんだ？」

「いや、これは俺たちの問題で、おいさんには関係ないから」

ハッサンはこう言って話題を変えました。借金癖の染みついた真のことですから、私もどうせカネの問題だろうと思い、深くは聞きませんでした。私も真の借金体質には辟易《へきえき》していたのです。

一方で、真は片山俊雄への脅迫を、平成十四年に入ってからも依然として続けていました。

「銃対課時代の違法捜査をバラしてやる」

真からの脅迫電話があるたびに、気の弱い片山は気が気でなかったようです。いつも下村仁に相談し、私にも下村から度々連絡がありました。

「真の脅迫をやめさせてくれ」

私も真に電話を入れて、説得しました。

「何を考えてるんだ。もうやめれ」

こう言っても真は押し黙るだけでした。

「この件で親父に話すことはありません」

片山を脅して、カネを引っ張り出そうと考えていたのでしょう。いや、そもそも真は銃対課が自分に報酬を払ってしかるべきだという考えを持っていました。

たしかに、銃対課は真をエスとして都合のいいように使い続けました。下村は真には常々、こう話していました。

「拳銃一〇〇丁くらい出したら、一〇〇〇万円くらいポンと出るからな」

真の頭のなかには、この言葉がこびりついていたのです。真は自分も銃対課の一員だとでも思っていたのでしょう。借金の取り立てに追われるなかで、「あれだけ拳銃の押収に協力したのに、なぜ自分には何の見返りもないんだ」という気持ちが増幅されていったのだと思います。

真は覚醒剤と大麻の泳がせ捜査のことも知っていました。岩下は一三〇キロの覚醒剤を入れた後に姿をくらましてしまったし、関東のヤクザは二トンの大麻を入れることに成功している。また、真の目には、この捜査で私も大金を手にしたように映っていたかもしれません。そんなことは決してありませんが、真にしてみれば〝儲け話〟に絡めない苛立ちを感じていたのかもしれません。

銃対課の捜査に協力しているのに、自分だけがないがしろにされている――。真はこうした不満を募らせていったのです。そして、銃対課への貸しをカネで返してもらおうとして片山を脅し続けたのでしょう。しかし、真が片山や銃対課からカネを引っ張ることはできませんでした。真は借金で首が回らなくなり、追い込まれていったのです。

真の様子がおかしくなっていたことは、私も気がついていました。

平成十四年の初頭、真は鬱病を患っているような状態になっていました。電話で話していても、やたらと「死にたい」と口にする。真はもともと鬱になりやすい性格でしたし、ハルシオンを飲み過ぎて、よく意味のわからないことを言う男だったので、このときも、私はまともに取り合いませんでした。面倒を見過ぎると、また「金を貸してほしい」と言い出しかねない。そんな気持ちもありました。

またこの時期、真の私への態度はどこか不遜《ふそん》なものになっていました。密売のために仕入れた覚醒剤を他のエスたちに分ける際、私が所用で行けないときは真に使いを頼んでいました。その手間賃として二、三万円の小遣いを渡していましたが、真はカネをもらっても私に礼一つ言いませんでした。自分がカネを受け取るのは当然だという態度が鼻につくようになっていきました。真以外のエスは自分でシノギを回してカネを稼いでいる。しかし真は、いつまで経っても借金漬けのまま。私もすでに警察での仕事への意欲を失っているなかで、借金癖のある真と付き合うのは煩わしくなっていました。以前は毎日のように会い、喫茶店で談笑し、晩飯まで一緒に食う仲でしたが、この頃はたまにお茶を飲む程度に付き合いが薄くなっていました。私と真の間には少しずつ距離ができ始めていたのです。

真も私のことが信用できなくなっていたのでしょう。しかし私にとって、真のことなどもうどうでもいいことでした。私自身、覚醒剤に溺れ、他人のことを案じることなどできなくなっていたのです。ただ覚醒剤を打って、現実から逃げる日々が続いていました。

「稲葉、警備部の仕事を手伝ってきてくれ。札幌ドームだ」

突然、上司からこう言われたのは平成十四年五月の半ば頃でした。その当時、サッカーの日韓ワールドカップ開幕に向けて、道警警備部は厳戒態勢を敷いていました。とくに札幌ドームでは、因縁の深いイングランドとアルゼンチンの試合が組まれていて、フーリガン対策に神経をとがらせていた。そのため警備部は各課から人員の応援を集めていたのですが、生特隊からは私が派遣されることになったのです。

ここまで組織に冷遇されるのかと、私は屈辱感に打ちのめされました。私は当時、二十六年のキャリアを持つ警部でした。銃器対策では第一線で成果を上げてきました。その私がこれまでやったこともないサッカー会場の警備につかされたのです。いよいよ、自分が組織から見捨てられていることを思い知らされました。

私は一日だけ警備の仕事を手伝って、その帰りにストレスと覚醒剤の影響からか、急性胃炎で倒れました。その日から入院。当時は尋常でない注射痕があったのですが、覚醒剤の常用が病院によくバレなかったものです。入院生活中も、覚醒剤はやめられませんでした。病院を抜け出してはアジトに戻り、覚醒剤に耽《ふけ》ります。退院した頃にはワールドカップはほとんど終わっていました。

この時期、一回の注射で体に入れる覚醒剤の量は、とんでもなく増えていました。通常の量では効き目がなくなっていたのです。普通なら覚醒剤は水で溶いてから注射するのですが、この頃になると注射器に粉のまま覚醒剤を入れ、自分の血液を流し込んで、その血で覚醒剤を溶かすようになっていました。静脈に注射針を突き刺すと、血が一気に逆流し、注射器の覚醒剤が赤く染まっていく。ポンプが血で満たされ、覚醒剤と混ざり合ったところで、親指に力を込める。強烈な快感に、私はそのまま仰向けに倒れます。心臓が激しく鼓動を打ち鳴らし、体中に響き渡る。こんなことを続けていると、体力のない人間なら死んでしまうでしょう。私はすでに廃人となる一歩手前でした。

エスたちは、私が覚醒剤に手を染めてしまったことをみんな知っていました。覚醒剤を使用してから出勤していたので、この時点になると同僚たちも気付いていたかもしれません。遅刻を繰り返し、会話していても要点がまとまらない。私の挙動や発言が覚醒剤によっておかしくなっていることくらい、警察官ならすぐにわかるでしょう。

すでに、いつ逮捕されてもおかしくない状態でした。

渡部真との最後の会話

退院した後の平成十四年六月下旬、久しぶりに本部から電話がありました。

「生活経済担当でガサをかける。応援に行ってほしいので、明日、その打ち合わせをやるから、役所に集まってくれ」

翌朝、密売用の覚醒剤をエスたちに届けるために、真をアジトに呼び出しました。

「ついでに役所まで送って行ってくんねえか？」

その車中でのことでした。

「あの……、親父。四〇〇万円を貸してくれませんか」

私の答えはすでに決まっていました。

「そんなカネ、どこにあるのよ」

「でも、その金がなかったら、自分は死んでしまいます」

泣き落としは、いつものことでした。これに対する答えも決まっていた。

「死ねばいいじゃねえか。四〇〇万円なんてカネはねえし、いつまでも甘えてるんじゃねえ」

真はそれ以上言葉を発することはありませんでした。

私は琴似にある本部に着くと、黙って車を降りました。これが真と会って話した最後のやりとりになりました。


平成十四年七月五日、渡部真は覚醒剤〇・一二三グラムを持って、札幌北警察署に出頭し、逮捕されます。そして同月八日、札幌地裁の勾留尋問で、私の覚醒剤の密売と使用を告発しました。警察による取り調べの場ではなく、札幌地裁で直接裁判官に告発したことで、道警は事件を内々に済ませることはできなくなりました。真は服役した経験もありますから、地裁による勾留尋問があることを知っていました。おそらく計画的に私を狙って裁判官に告発したのでしょう。警察に告発しても、組織にもみ消されるおそれがあるからです。

しかし私は、真が北署に出頭したと聞かされても、片山や銃対課への脅しだろうとしか考えませんでした。当時の北署長はロシア人アンドレイのおとり捜査当時の銃対課長で、その裁判で私たちに偽証するように指示した大森亮二だったからです。まさか、真が私を告発するとは、夢にも思っていなかったのです。

最後の警告

「真が北署に行ったのを知ってるか？　シャブを持って出頭したらしいぞ」

七月五日夕刻、私がジンギスカンを食べているときに、下村仁から聞かされました。

「またですか。何をやってるんでしょうね。もうほっといたほうがいいですよ」

「いや、真は明らかにおかしい。何をしゃべるかわからない。俺たちも危ない。お前も気をつけろ」

真は七月一日にも、片山に電話をかけていたそうです。下村は、真が知っている銃対課の秘密を洗いざらいしゃべってしまうことを心配していましたが、真の出頭で事態はいよいよ深刻になったと考えたようです。

しかし、私にはまったく危機感がありませんでした。覚醒剤の常用で、物事を深く考えられる状態ではありませんでした。それに真を散々利用した挙げ句に、銃対課を離れればあっさり切り捨てる上司たちの態度にも疑問を持っていました。真が怒るのも当然だと考えていたのです。真が銃対課の秘密を暴露しようとも、上司たちの自業自得だという思いもありました。

アジトのマンションに戻ると、今度は脇田雄二から電話がありました。脇田はこのとき、薬物対策課の課長になっていましたが、銃対課の次席だったときに私のことを一番、気にかけてくれた人でした。

「稲ちゃん。真はおかしいぞ。今のところ何もしゃべっていないようだが、何を考えているのかわからない。気をつけたほうがいい」

真が逮捕されて数日後、脇田から、拘置所まで真に会いに行ってきたと連絡がありました。

「真は何も言っていなかったが、気をつけたほうがいい」

脇田は薬対課長として真と接見できる立場にありました。おそらく脇田は組織として、真が銃対課の〝秘密〟を暴露しないよう、説得に行ったのでしょう。そして、今になって考えれば、これが私への最後の警告でした。このとき、私が真の行動を深刻に捉えることができていたなら、体から覚醒剤を抜いて、アジトに保管されている覚醒剤や拳銃を処分していたかもしれません。しかし、私はすべてがどうでもよくなっていました。この日も覚醒剤を注射し、その後も変わらぬ日常を送りました。

「寿司でも食いに行かないか」

脇田から誘いがあったのは八日の夕方でした。生特隊の若い刑事を連れて一緒に北海道神宮近くの寿司屋で会いました。

他愛もない話をしただけで、真のことは、ほとんど話題にものぼりませんでした。

この日、札幌地裁で渡部真の勾留尋問があったことも、そこで真が私を告発していることも、私には思いもよらないことでした。真によって私の覚醒剤の使用は裁判官に暴露され、組織の外に漏れることになりました。これで道警は私を逮捕するしかなくなったのです。そしてその指揮を薬対課長である脇田が執《と》ることになっていた。この日、脇田は上層部の指示で私の様子を見に来たのでしょう。薬対課長の目から見れば、私の覚醒剤の使用は疑う余地もなかったはずです。

逮捕の日

平成十四年（二〇〇二年）七月十日、私は携帯電話の着信音で目を覚ましました。

電話は生特隊の副隊長からでした。

「夏休みの希望をとっているから、今日は役所に来てくれ」

時計を見ると、時刻は午前九時半でした。

「遅くとも十時半までには行きます」

シャワーを浴びて、身支度を整えるとちょうど十時。アジトを出て自分のデスクに座る頃には、約束の時間になっていました。

「稲葉、会議室に来てくれ。ちょっと打ち合わせをしたい」

会議室には生特隊長と副隊長、そして生特隊三班のうち二人の班長が座っている。私も含めて、生特隊の幹部が全員そろっていました。

「稲葉、そこに座ってくれ」

私はすすめられるままに椅子に座りました。

「そのままちょっと待っていてくれ」

隊長と副隊長が会議室を出て行きました。しばらくして、二人の班長も会議室の外に呼ばれていきました。部屋に私一人だけが残されます。静まり返った部屋のなかで、私はぼんやりと、会議室のドアが開いて、捜査員が一気になだれ込んでくる情景を想像していました。

「今ここで薬対のやつらに取り囲まれたら、俺は終わりだな」

そう考えた瞬間、想像が現実になったのです。会議室のドアが大きな音を立てて開いたかと思うと、五、六人の捜査員が突入してきた。ある捜査員はカメラで写真を撮り、ある捜査員はビデオを回していました。そのあと、薬対課の警部と指導官が私の前に歩み寄ってきました。指導官は捜索令状を見せてこう言いました。

「稲葉、お前にガサ状が出ている」

令状にはこう書いてありました。

〈捜索すべきところ　稲葉圭昭の身体〉

〈差し押さえるべきもの　尿〉

私はすぐに事態を飲み込みました。動揺する気持ちはありませんでした。こうなることは、どこかで覚悟していたのでしょう。

ビデオを回していた捜査員は、以前、銃対課に所属していた刑事でした。平成五年、青少年会館の裏山に私と一緒に拳銃を埋めて、拳銃押収をでっち上げた男です。同じ穴の狢《むじな》だった刑事が私を逮捕しに来て、一部始終をビデオで記録している。どの面を下げてそんなことができるのか。別の捜査員は、私の顔を見てニヤリと笑いました。

とはいえ、覚醒剤の使用について、もはや言い逃れすることなどできません。前日に覚醒剤を使用していたので、証拠は尿から検出されるでしょう。私はそのままバスで札幌北署の近くにある病院に連行され、そこで尿を採取されました。その後、道警本部に移動して、逮捕状を見せられました。

「尿から陽性反応が出た。覚醒剤使用で逮捕する」

私は妙に冷静でした。しばらくしてから、懲戒委員会の書類を見せられました。

「サインしろ」

動揺もなく、躊躇もありませんでした。「懲戒免職」と書かれた書類に、自分の名前を書きなぐった。平成十四年七月十日、こうして私は二十六年間の警察人生を終えました。

第十一章 法廷での告白

拘置所での自殺未遂

平成十四年（二〇〇二年）七月十日に逮捕された私は、その日のうちに札幌中央署へと移送され、留置場に入れられました。私が警察学校を出て、最初に配置されたのが中央署です。その中央署に、私は被疑者として留置される身となりました。

夜になると覚醒剤が切れてきました。薬が切れると、ただひたすら眠くなる。薬で無理に脳を覚醒させるのですから、その分だけ脳に疲労が蓄積されるのでしょうか。これからの行く末、家族の心配、エスたちの対応、考えることは山ほどあるはずでしたが、私は何かに思いを巡らすこともなく、ひたすら眠りつづけました。

翌日、拘置所へ移送されました。そのとき、頭のなかは〝死〟に取りつかれていました。

「組織に迷惑をかけてしまった。死ななければ——」

とにかく死ななければならないと、その思いばかりが募り、気持ちが焦るのです。

一日中、死ぬ方法を考えていました。

拘置所に移送されたその日、私は最初の自殺を図りました。ズボンのジッパーの金具を腕に押し付け、手首から肘《ひじ》にかけての皮膚を強く上下に引っ掻《か》く。しばらくすると血管のような細長い筋が出てきたので、それを引きちぎろうとしたのです。

「何をやってるんだ！」

鉄格子の外では刑務官が勾留者を監視しています。私の自傷行為はすぐに見つかり、十人ほどに担ぎ上げられて、保護房に移されました。保護房は天井の高い十畳ほどの部屋です。ログハウスのような造りで、部屋の中央には裸電球が吊り下げられていました。看守ののぞき窓と食事を出し入れする小さな扉があり、端には和式便所が据えられている。それ以外は何もない無機質な空間でした。そんなところに一人で座っていると、頭がおかしくなるような気がします。数日後、刑務官に願い出ました。

「すいませんでした。もう（自殺は）しませんから、戻してください」

ようやく保護房から出してもらい、一般の独房に戻れました。そしてまた死ぬ方法を考えるのです。

今度は布を巻いて、首を吊ろうと考えました。ところが、部屋にあるタオル掛けに上着をひっかけて体重をかけたところ、タオル掛けは真っ二つに折れてしまいました。首吊りを防止するために、タオル掛けの真ん中には切り込みが入れてあったのです。

音で異常を察知した刑務官から怒鳴りつけられ、再び保護房に入れられました。

警戒している刑務官に「もうやりませんから。心配しないでください」と言いながらも、やはり首を吊ることのできる場所を探している。保護房では毛布を使って首を吊ろうとしました。しかし毛布をひっかけられそうなところが高い位置にあって、とてもできませんでした。

この頃になると、夜も眠れなくなっていました。死ねないことでストレスが溜まり、精神状態がどんどん悪くなっていく。不安に苛まれ、妄想に取り憑かれるようになっていました。


銃器対策課にいた当時、私がもっとも信頼していた上司が、次席だった脇田雄二です。私は脇田が必ず迎えに来てくれると思い込むようになっていました。

「脇田さんだけは俺を裏切るはずがない。脇田さんなら俺を助けてくれる」

もちろん、いくら脇田が気にかけていたとしても、拘置所で面会不可の私に会いに来られるはずがありませんし、薬対課の課長が覚醒剤を使用した私を助けてくれるはずもありません。しかし、私の頭は合理的に物を考えられるような状態ではなくなっていたのです。寝ていても刑務官の足音が聞こえるたびに、「脇田さんが来たんだ」

と起き上がる。刑務官の足音は、すべてが脇田の足音に聞こえました。いつしか刑務官の声が、脇田の声に聞こえるようになりました。「稲ちゃん、迎えに来たぞ」と。二十六年間の警察人生です。最後には裏切られ、見捨てられましたが、私の心のなかにはどこかで組織のことを信じる気持ちが残っていました。私は警察組織のために汚れ仕事も厭《いと》わずにやってきましたが、そこには私なりの忠誠心がありました。だからこう考えたかったのです。

「最後は銃対課の上司だった脇田さんが救ってくれる。絶対に助けに来てくれる」

しかし、今となっては、それは覚醒剤の禁断症状がもたらした妄想にすぎなかったのだと理解しています。

取り調べ

私の容疑は覚せい剤取締法違反の覚醒剤使用と営利目的所持、そして銃刀法違反となる違法拳銃所持です。逮捕後、道警は家族が暮らしていた札幌市内の自宅と、中央区南十条と南一条のアジトを家宅捜索しました。七月十八日に、南一条のアジトから覚醒剤少量とロシア製拳銃のＰＳＭが押収されました。八月一日には覚醒剤九十三グラムが南十条のアジトから押収されたと発表されます。これは泳がせ捜査で岩下とともに密輸し、道警の犯罪の証拠として私が手元に保管していた覚醒剤でした。結局、この約一〇〇グラムが、私の覚せい剤取締法違反の営利目的所持の証拠となってしまいました。

銃対課にいた頃、一番多いときでアジトの保管庫に拳銃は一〇〇丁ほどありましたが、このときは銃対課を離れて大部分を処分していたので、ＰＳＭだけになっていました。このＰＳＭはロシア人マフィアから譲り受けたものです。ＰＳＭ銃口は二十二口径と小さいのですが、弾丸の火薬の量が多く、威力がありました。ただ弾丸が手に入りにくいので需要がなく、珍しい銃でした。いずれクビなし拳銃として出そうと、手元に置いていたのです。

私は定められた刑に素直に服するつもりでいました。しかし、これまでに協力してもらったエスたちに迷惑はかけられません。取り調べではおおむね容疑を認めましたが、エスにまつわる詳細については神経を使って話をしました。取り調べを担当した薬対課の指導官は誠意のある方でした。怒鳴りつけたり、机を叩いたりすることは一切ありません。私が認めた罪について丹念に取り調べをしてくれました。私も拳銃の所持や薬物の営利目的所持については率直に罪を認めました。ただ、覚醒剤の使用だけは、供述を二転三転させたのです。

「逮捕された日の朝に初めて打ちました」

こう言ってみたり、他人のせいにしたり。

「渡部真に無理やり打たれたんですよ」

取調官が呆れるようなことも言いました。

「注射器を持っていたら、犬が突進してきて刺さったんです」

このような戯言《ざれごと》を繰り返していると、取調官にこう諭されました。

「稲葉さん、使用のところだけはどうしても供述がぶれるんですよね。どうしてですか？」

尿からも覚醒剤の陽性反応が出ているし、自宅から注射器も押収されている。どう考えても逃れられる術《すべ》などありません。しかし、覚醒剤の使用についてだけは素直に認めることができなかったのです。

二十六年間、曲がりなりにも警察官として生きてきた人間が、覚醒剤に手を出してしまった。これだけはどうしようもなく恥ずかしいことでした。拳銃の所持については銃対課の誰もがやっていたことだし、組織の命令で銃を出すためには必要なことでした。また覚醒剤の営利目的所持も、エスたちの運用のためには仕方がないことと、自分でも納得してやってきた部分があります。しかし、覚醒剤の使用だけは、弁解の余地がなかったのです。

私は機動捜査隊の時代から、覚醒剤使用者を何人も逮捕してきました。そのたびに「何やってんだ」と叱りつけてきたのです。薬物に手を出す人間を軽蔑もしていました。そんな連中と同じことを自分がやってしまったということを世間に明らかにされるのが、どうにも耐えられなかったのです。今でもそう思っています。私の人生のなかで、覚醒剤を使ってしまったという事実が最も恥ずかしいことです。

片山俊雄の自殺

元銃対課の上司で、当時は釧路方面本部生活安全課長だった片山俊雄は私が逮捕されてから三週後の七月三十一日、札幌市南区の藻南《もなみ》公園のトイレで首を吊って死んでいるのが発見されました。

その前日、片山は道警の監察官に事情を聴かれていて、自殺した当日も事情聴取を受ける予定でした。私の事件のほかにも、ロシア人アンドレイのおとり捜査について詳しく聞かれていたといいます。銃対課の違法な捜査手法について、片山は洗いざらい話さなければならないところまで追い詰められていたのだと思います。

監察は不祥事の全貌を把握するために、どんな小さな情報でも吸い上げようとします。すべての情報を集めておいて、マスコミへの対応を検討する。自分たちが把握していない問題が後になってメディアに漏れることは許されません。表向きは不祥事を調査して全容解明を目指すための部署とされていますが、組織防衛が彼らの仕事の本質なのです。

片山は渡部真から、脅迫を受けていました。私の逮捕につながったこの一件について監察に洗いざらい話すことを求められたとしたら、銃対課が真とどのように付き合ってきたか、すべてを話さなければなりません。

監察の尋問は、身内だからといって手心が加えられることはありません。何時間も続く厳しい取り調べで、組織に依存して生きてきた警察官ほど、組織の恐ろしさを身に沁みて思い知らされる。気の弱い片山のことですから、精神的に追い詰められたことでしょう。ましてや、泳がせ捜査で大量の覚醒剤や大麻を国内に流入させたということが漏れれば、北海道警察始まって以来の不祥事です。片山には、隠し通す自信がなかったのかもしれません。

片山が死を選んだ本当の理由は知る由もありませんが、私はこれだけは確信しています。泳がせ捜査を含め、銃対課ぐるみの違法捜査についてすべてに関わってきた私が逮捕されていたのです。片山は、私がすべてを暴露してしまうことを一番恐れていたのは間違いない。それは、他の上司たち全員の一致した考えだったはずです。そして、片山だけが恐怖心に負けた。片山は異常な銃器捜査の犠牲者だと、私は考えています。

道警にとって片山の自殺は、非常に都合のいい結果をもたらしました。前述したロシア人船員アンドレイのおとり捜査における偽証事件では、片山が主導的な役割を担ったことにされ、私を含め送検された三人は従属的な立場だったという理由で起訴猶予となっています。片山は死亡のため不起訴になりましたから、まさに死人に口なし。道警も検察も体よく片山だけに罪を押し付け、事件の幕引きをしたというわけです。

また私が平成十六年（二〇〇四年）に千葉刑務所から、おとり捜査当時の銃対課長、大森亮二と次席だった脇田雄二ら四人を「偽証を前提とした捜査方針を決裁した」として告発したときも、大森は片山に責任を押し付ける供述をしています。おとり捜査当時、捜査方針は大森課長、脇田次席、片山指導官ら四人の上司たちの会議で決定されました。課長の決裁がなければ、あれほどの捜査が行われるはずはない。死者に責任を押し付ける大森課長や道警上層部の姿勢を、私は許すことができません。

渡部真の壮絶な最期

九月上旬のある日、拘置所に私の弁護を担当する弁護士が接見に訪れました。私は、九月十一日に覚せい剤取締法違反と銃刀法違反の容疑で起訴されるまで、弁護士以外の外部の人間との接触は遮断されていました。ですからこの日は、弁護士に家族への伝言を託そうと考えていました。

私は逮捕されてから、ずっと真のことが気にかかっていました。真は逮捕されて、どうなったのか。起訴されたのかどうかすら、私は知りませんでした。

「先生、真は私に『四〇〇万円貸してくれ』と言っていました。それを私は断ったんですが、道銀（北海道銀行）の口座に五〇〇万円残っていることを思い出しました。その口座のカードで四〇〇万円、真に貸してやってくれと、女房に伝えてください」

弁護士は「ああ、知らないんだ」と言うと、鞄から北海道新聞の切り抜き記事を取り出して仕切りガラスに押しつけました。

〈道警警部の覚せい剤を供述　男性被告が自殺〉

八月二十九日付の夕刊記事は、真の自殺を伝えていました。

「真が死んだ……」

一瞬、放心した後、真の死に方を尋ねました。

「片方の靴下を丸めて口に押し込み、もう片方の靴下を首に巻きつけ、歯ブラシをひっかけた。その歯ブラシを柄にしてギリギリと巻きあげて窒息死したそうだ」

その壮絶な最期に、しばらく言葉が見つかりませんでした。そこまでしたのですから、覚悟の自殺でしょう。「道警の暗部を握っていたため、組織に殺された」と言う人もいるようですが、拘置所や警察の人間が被疑者を殺すことはさすがに考えられません。真は服役の経験もありますし、刑務所などで他の受刑者から、自殺の仕方を教えてもらったりすることはよくあるものです。おそらく真はこの自殺の方法を知っていたのでしょう。


ただ自殺の動機だけは思い当たりません。

私は真を怒鳴りつけることはあっても、悪意ある仕打ちをしたことはありませんでした。真が自ら北署に出頭し逮捕されたのは、道警の銃対課に何らかのメッセージを送っているんだと思っていたほどです。しかし実際には、真の目的は私の覚醒剤使用の告発でした。私にとってはまさに青天の霹靂《へきれき》でした。私が真の借金の申し出を断ったとき、真ははっきりと私に恨みを抱いたということなのかもしれません。

真への貸し付けを断ってから、真が北署に出頭するまで二週間ありました。その間に真が何を考えていたのか知る由もありませんが、真は常に盗難車を輸出している疑いのある中古車販売業者として、小樽署を含め多くの刑事にマークされていました。真に接触していた刑事も何人かはいたでしょう。小樽署の刑事たちは私を排除しようと考えていた連中です。借金で追い込まれて自分を見失っていた真ですから、そうした刑事たちに出頭を促されてもおかしくはありません。

しかし、私には、真を恨む気持ちはありません。何も死ななくてもよかったのに、とも思っています。私の所業はいつか糾弾されてしかるべきものでした。そして、真の死には私なりに責任を感じています。私のエスにならなければ、銃対課に関わることもなかったでしょう。真は拳銃捜査に協力したばかりに警察組織に利用され、最後には切り捨てられて絶望を味わうことになりました。真もまた、銃対課に殺されたのだと思います。

弁護士の法廷戦略

私は道警史上初めて覚醒剤を使用して逮捕された現役の警部です。裁判では私の犯した罪について、自分の責任だけを裁いてもらおうと思っていました。しかし、世間はそうは見ていなかったようです。

事件は関係者二人の自殺で、より大きな波紋を広げていました。真の死は、私の使っていたエスたちとのキナ臭い背後関係を連想させたでしょうし、片山の死は、薬物や拳銃捜査の違法行為が組織的に行われていたことを指摘する報道につながっていました。そのなかで、私が公判でどんなことを話すのか、世間の注目が集まっていました。私が誰かに銃撃されるのではないか、と裁判所が考え、法廷に防弾パネルが持ち込まれたほどでした。

私の弁護を担当した弁護士が立てた法廷戦略は、組織的な関与を指摘し、私を減刑に導くというものでした。

弁護士と接見した時点で、すでに私は覚醒剤使用の証拠を押さえられていましたし、所持についても認めていました。所持を否認すると、多くのエスたちに家宅捜索が及び、迷惑をかけると考えていたからです。しかし、弁護士はそのことに不快感を示していました。

「なぜ、そんなに早く認めたんだ？」

「いや、認めるも認めないも、事実なんだから仕方ないでしょう」

弁護士とのやり取りはこんな調子で始まりました。

事実を認めている以上、事実関係で争うというよりも、組織的な背景を明らかにして情状酌量を取りに行く。弁護士にはこの戦略しかなかったのです。

できるだけ周りには迷惑をかけたくありませんでしたから、当初はこの弁護士に対しても警戒して、あまり多くは話しませんでした。しかし、この弁護士は元札幌地検の検事で、警察組織のことはよくわかっていました。私の犯罪行為の背景に、銃器対策の仕事の影響があったことは織り込み済みだったようです。

「銃を出すためには、エスとの付き合いが必要でした」

公判に入ってから、私は少しずつ自分の警察官人生や銃器捜査での違法行為を話していきました。ロシア人アンドレイのおとり捜査についてだけではなく、その他の拳銃を出すためのでっち上げの捜査やパキスタン人のやらせ逮捕などを克明に法廷で説明しました。

私は最初から泳がせ捜査のことについても話すつもりでいました。送検されてから、取り調べを担当した検事にも泳がせ捜査のことを話しています。道警主導の泳がせ捜査が違法であり、その際に一三〇キロの覚醒剤と大麻二トンが石狩新港に荷揚げされ、国内に流入したこと、私のアジトから出た九十三グラムは、その泳がせ捜査で密輸された覚醒剤一三〇キロの一部だということを詳細に話しました。この逮捕を契機として、私は自分の犯した罪をすべて償おうと考えていたのです。しかし、検事はまったく取り合ってくれませんでした。

一方、弁護士は泳がせ捜査の話に衝撃を受けていました。これは、函館税関も含めた大規模な違法捜査です。泳がせ捜査当時、税関から銃器対策課に出向していた高倉保夫の名前も含めて、銃対課での犯罪行為を洗いざらい申告しました。

第三回公判での被告人質問が間近に迫ったある日、私の担当弁護士はこう切り出しました。

「稲葉、花火を上げよう。お前の犯罪には組織的な背景があったんだ。お前だけが犯罪に染まったわけじゃないんだということを明らかにしろ」

「どうやるんですか？」

「上司の名前を一人か二人くらい出してやれ」

私には上司の名前を出すことに抵抗がありました。たしかに弁護士の言うこともわかりますが、私は覚醒剤の使用や密売の容疑で逮捕されたのです。とくに、使用はあくまでも私の責任ですし、今でも心底恥ずかしく思っています。明らかに私個人の犯罪を裁く法廷で上司の名前を出していいものか、最後まで踏ん切りがつきませんでした。悩んでいる私に弁護士はこうたたみかけます。

「稲葉、すんなり終わらせるつもりか？　悔しくないのか？」

考えはすぐにはまとまりませんでした。

「一晩考えさせてください」

次の日、弁護士にこう伝えました。

「先生から水を向けてください。それにはちゃんと答えます。その場で自分で判断して、話をしますから」

弁護士は私を説得するように、被告人質問での法廷のイメージを語り始めました。

「いいか、俺が質問するだろ。お前は上司の名前を一人、また一人と出していく。お前が答え終わると記者たちが一斉に立ち上がって、第一報を記事にするため、法廷から走り去っていくんだ」

弁護士は、自分の法廷戦略に酔いしれているようでした。私も弁護士にすべてを預ける気持ちになっていきました。

法廷で名前を出した元上司たち

平成十五年二月十三日、第三回公判が行われました。この日、私は三人の上司の名前を出し、私自身が実行した拳銃捜査の自作自演を告白しました。

弁護士は法廷で拳銃捜査の実態について細かく説明した後、私が捏造するよう命令された拳銃摘発について話すように促しました。

まずは平成元年十二月、北見警察署での初めての〝クビなし拳銃〟事件について話をしました。その年の北見署は拳銃押収数がゼロだったので、私が札幌のエスからフィリピン製の回転式の拳銃を入手して、北見駅のコインロッカーに入れて、押収させた件です。

「その依頼をした上司の名前を言えますか？」

「はい、当時北見署の防犯担当次長だった武井義夫です」

「漢字はどんな字を書くんですか？」

裁判長は身を乗り出して聞いてきました。

「他には？」

「平成五年の冬に当時の銃器対策室長の若林祐介から、『あと二丁で新記録なのだが』と言われ、地下鉄大通駅のコインロッカーに拳銃を入れて、押収しました」最後に、脇田雄二の名前を出しました。平成十年の暮れに、エスたちを自首させるための拳銃を七丁用意したことがあります。七丁の所持だと自首減免規定が適用されず、起訴されてしまうおそれがあったので、五丁だけを持たせて自首させることにしました。「その余った二丁をどうしたのか」と弁護士に問われ、私はこう答えました。

「当時の銃器対策課次席、脇田雄二に預けました」


武井義夫は、私にクビなし拳銃の押収を初めて指示した人でした。武井は真面目な人で、まるで従順な馬みたいな人でした。このときも北見署長に「押収数ゼロじゃ署長会議にも行けない」と言われて、それで武井は「格好つけてられないだろ」とクビなし拳銃の押収を許可したのです。縦社会の警察組織のなかで、やむにやまれずということだったのかもしれません。

若林祐介は初代の銃対室長で、この人が私たちにクビなし拳銃の押収を率先してやらせた人です。「あと二丁で新記録」と言って、私に銃をコインロッカーに入れるよう命じました。

また脇田雄二には、すぐには押収する必要のない拳銃を預けていました。一度、ペンシル型の拳銃を手先の器用なエスに作らせたことがあります。まともに使える銃ではありませんが、押収する拳銃は一発だけでも弾が発射できれば違法拳銃として認められます。エスは七丁作りましたが、そのうち五丁をヤクザに持たせ、拳銃摘発月間に出頭させました。そして余った二丁を脇田雄二に預けた。このことを公判で話したのです。

公判ではこの他に銃の名前を何種類か紹介しました。

「チェスカ、S&W、コルト、マカロフ、トカレフ、ナガン……」

これらの銃はすべて上司に依頼されて、私がコインロッカーに入れたものです。この拳銃の名前を聞いた道警上層部の依頼者たちには、その意味がわかってもらえたと思います。

被告人質問で上司の名前を出すまでにさまざまな葛藤がありましたが、一度名前を出すとすべて吹っ切れました。

もちろん、銃対の違法捜査に関与した上司たちはこの三人だけではありません。むしろ彼らの行為は、ロシア人アンドレイのおとり捜査や、泳がせ捜査を主導した上司たちよりも、悪質ではないのかもしれません。

しかし、このとき、名前を出した上司たちは、それぞれに私なりの意味づけがありました。私はクビなし拳銃の押収や自首減免規定を推し進めていった警察組織の悪質さを訴えたかったのです。それまで恥ずかしい行為だと思っていたクビなし拳銃でしたが、ノルマをこなすために銃器捜査ではそれが主流となりましたし、全国的に自首減免規定が導入されてからは、出鱈目な拳銃の押収が横行していきました。

このため拳銃は摘発するものではなく、エスに頼んで出してもらうものになりました。あるいは私が自分で購入したものを渡したり、エスに自分で購入させたりして、自首してもらうようになりました。警察庁は全国の警察に拳銃の押収量を競わせましたが、押収した拳銃のほとんどがクビなし拳銃や自首減免規定によるものであり、その実態は自作自演だったのです。

こういった本末転倒の捜査が、道警の泳がせ捜査やおとり捜査につながっていったと言ってもいいでしょう。クビなし拳銃や自首減免規定は、銃器対策を「偽りの捜査」に駆り立てるきっかけだったのです。

第四回公判では、警察庁登録五〇号事件、泳がせ捜査やパキスタン人のやらせ逮捕などについて弁護士から質問を受けました。そこでは当時の銃対課課長の大森亮二や直属の上司の下村仁との関係や、捜査の状況を話しました。また論告求刑公判では、上申書に社会が納得する刑罰を科してほしい旨とあわせて、泳がせ捜査について「OK商事」のOKが大塚健課長補佐の頭文字であること、函館税関との合同捜査であったことを書き添えました。

検察側は私が道警の上司たちの名前を並べ立てたことについて、組織への責任転嫁と主張していましたが、そうではありません。むしろ私は道警で犯してきた私自身の罪をこの裁判で告白したのです。その罪が問われれば、その刑に服するつもりもありました。ただ、道警で犯した私の罪は共犯者である上司たちの存在を語ることなしには、説明ができなかったのです。

トワイライトエクスプレス事件

公判が始まったばかりの平成十五年（二〇〇三年）元日、読売新聞の一面にこのような見出しの記事が載りました。

〈札幌発寝台のマカロフ　稲葉被告の協力者から入手　逮捕の組幹部供述〉

判決公判を間際に控えた同年四月、突然、大阪府警の刑事と大阪地検の検事が拘置所を訪れます。執拗な事情聴取に「この事件も共犯にされてしまうかもしれない」という不安が頭をよぎりました。私はこの事件にまったく関わっていません。ただ、記事が伝えているように、たしかに私のエスだった渡部真が関与した疑いが、私のなかでも払拭できずにいたのです。

事件は、私がまだ銃器対策課に所属していた平成十三年一月三十一日に発生しました。札幌発大阪行きの寝台特急「トワイライトエクスプレス」の乗客用の個室に置き去りにされていたアタッシェケースから、マカロフ一〇丁と実弾一五〇発が出てきたのです。

この拳銃移送計画は、札幌で乗り込んだ犯人の一人がマカロフ入りのアタッシェケースを鍵の掛かる個室に置いたまま南千歳駅で降り、京都駅で待ち受けた共犯者が乗り込んで個室からアタッシェケースを持ち去る、というものだったようです。しかし道中、車掌が個室に誰もいないことを不審に思い、個室のカードキーを無効にします。京都駅から乗り込んだ共犯者は、電車より先に届けられたカードキーでは個室に入ることができず、回収に失敗したのです。その結果、マカロフ一〇丁は大阪府警に押収されてしまいました。

この事件は「トワイライトエクスプレス事件」として翌日、各紙で報道されました。

私はこのとき、休暇で地方にいました。たまたま真に電話を入れると、事件について教えてくれました。

「札幌発の寝台列車から拳銃が出ました」

「誰がやったんだろう。ちょっと調べといてくれ」

札幌に戻ってすぐに真に会いました。

「ウチらが知っている関係ではないみたいですね。誰だかわかりませんでした」

それでも少し自分で調べを進めてみました。すると私も面識のある、ある広域暴力団系の組長の名前が挙がってきた。早速、上司に報告しました。

「おそらくこいつが黒幕ですよ。捜査したいんですが」

しかし、上司は首を縦には振りませんでした。

「大阪で捜査をやってるから。こっちで動かないほうがいい」

上層部にやる気がないのなら仕方ありません。その後、この事件については、読売新聞の記事が出るまですっかり忘れていました。

読売の記事には、私の名前が書かれていました。そして私のエス（真）を通じてマカロフを入手したと供述しているのは、私が事件発生時に黒幕と見立てた広域暴力団系の幹部でした。この男とは私も付き合いがありました。しかも、彼に真を引き合わせたのは私です。私の関与が疑われても仕方のない状況でした。

拘置所に事情聴取に訪れた大阪府警の刑事の説明は、真の関与を強く疑わせる内容でした。

その刑事によれば押収されたマカロフはかなり古く、ボロボロのものもあったそうです。事件当時、府警の刑事が言うような古いマカロフが私のアジトにも保管されていましたし、真はそこに自由に出入りできました。真なら私に黙って拳銃を売ることくらい、やりかねません。さらに大阪地検から検事が派遣されてきました。長引く事情聴取のなかで、私は自分が関与していないというアリバイを証明できずにいました。もしマカロフが私の保管していた銃だったら、私の指紋も出ているかもしれません。共犯にされかねないと、危機感を強めました。

ところが、事情聴取は突然終了します。いよいよ追い込まれたと思ったとき、電話がかかってきたということで、検事が中座しました。戻ってきた検事は「もう部屋に戻っていい」と私に告げたのです。

「君の件はもう終わりにする。体に気をつけて」

大阪地検の検事が何を考えていたか、その電話がどのような内容だったかは、私にはわかりませんが、私の関与は問われることなく、取り調べはこれで終わりました。

たしかに真は勝手に銃を売りかねませんが、この事件で名前が挙がった幹部もロシア人マフィアと付き合いがあり、「拳銃はいくらでも手に入る」と言っていた男です。私が逮捕されていることも知っているはずなので、勝手に名前を使ったとも考えられます。ただ、今となっては、もうどちらでもいいことです。

判決

平成十五年（二〇〇三年）四月二十一日、判決が言い渡されました。

「主文、被告人を懲役九年、罰金一六〇万円に処する」

裁判長が読み上げる判決文を聞きながら、「随分、減刑してもらった」と感謝しました。求刑は懲役十二年、罰金二〇〇万円というものでしたから、三年の減刑、罰金も四〇万円減額されました。

「あなたは警察官として、人として道を踏み外した。残された人生は恥ずかしくない生き方をしてもらいたい」

裁判長にこう諭されましたが、この言葉は胸に染みました。私は素直に頭を下げました。

傍聴に来ていた友人が後にこう言っていました。

「稲葉が頭を下げた瞬間は、法廷全体がホッとしたような、救われた空気に包まれたよ」

弁護士は判決が道警の組織的な関与に触れなかったことについて、マスコミに向かって「裁判所の限界」と疑義を表明したようですが、この裁判で問われているのは私の犯罪ですから、判決に不満はありませんでした。

判決から三週間後、五月の連休明けに私は千葉刑務所に移送されました。千歳空港発の朝一番の飛行機に乗客の誰よりも早く乗り込み、羽田空港では最後に降りる。両脇には刑務官がいます。自分がいよいよ受刑者となったことを思い知らされました。機内ではキャビンアテンダントがコーヒーを出してくれました。これを最後に出所するまでまともなコーヒーは飲めなくなります。じっくり味わおうとしましたが、あまりおいしくなかったことを覚えています。

終章

午前六時半起床。まず身の回りを整理して、掃除をします。整列して作業場に向かい、高齢受刑者のために、薬を配分して飲ませる。作業はコンビニエンスストアの弁当に付いてくるプラスチック製スプーンの包装。一本ずつビニール袋に入れていきます。

「鉄球が目の前に飛んで来たが、その時は腰を抜かしたよ」

千葉刑務所は長期受刑者が収容される刑務所です。浅間山荘事件の実行犯とは、よく一緒に年寄りの受刑者の介護に従事しながら話をしました。夕方からは、障害のある受刑者を風呂に入れる係を務め、終わると翌朝のために配る薬を仕分けする。そして休みの日には読書する。ヴィクトール・フランクルの『夜と霧』やダン・ブラウンの『天使と悪魔』などを読みました。

刑務所では、細かい作業一つ一つを自分でも驚くほど綿密にやっていました。こんな几帳面な人間だったのかと考え込んでいると、ウチの親父も几帳面な性格だったことを思い出しました。机のなかの隅々までしっかり整頓しているような親父でした。制約が多く、慎ましく生きるほかない刑務所生活は、二十六年間のうちに狂っていった人格を少しずつ取り戻していく作業だったように思います。

平成二十二年（二〇一〇年）六月二十二日、私は仮出所を許されました。刑務所の待合室に行くと、家族が迎えに来てくれていました。

逮捕以来の八年間で長男も次男もすでに結婚していて、私には三人の孫ができていました。息子たちの妻に会うのも、孫たちに会うのも初めてです。気恥ずかしさも混じりながら、次男と孫たちと刑務所の近くのファミリーレストランで食事をしました。そのファミレスで、刑務所のなかで食べたくて仕方がなかったトーストを注文しましたが、直前に八年ぶりの煙草を吸って気持ち悪くなってしまい、十分に味わうことができませんでした。

千葉から北海道に戻り、すぐに両親に会いに行きました。

ちなみに、逮捕後初めて両親と会ったのは、起訴後に接見禁止が解かれてからのことでした。その面会のときに何を話したのか、正直なところ覚えていないので、出所後、親父に話を聞きました。すると、親父は当時をこう振り返りました。

「当時は怒っても悲しんでもなかった。自分も営林局という組織に身を置いた経歴から考えると、お前が警察の仕事に全身全霊を注いだのも事実であろうし、組織に翻弄されたのも事実。良いにせよ、悪いにせよ、その結果ではないかと感じていた」

私は、親父のことよりも、その横で何も言わずにじっと座っていたお袋の姿のほうが印象に残っています。「これから何年も会えない」と思うと、どうしようもない気持ちになったのです。

刑務所にいる間に親父は八十歳を超えていました。気胸、胃がん、鎖骨骨折、肋骨骨折と病気や怪我の絶えない親父ですが、元気そうで安心しました。お袋も肺がんの手術をしたばかりでしたが、親父よりも潑剌《はつらつ》としていてほっとしました。出所まで元気でいてくれて本当に良かった。なお、私が逮捕された日の翌々日が親父の誕生日で、誕生祝いが私の懲戒免職となってしまいました。親父はこのことに関して何も言いませんが、究極の親不孝だと心から申し訳なく思っています。

刑務所から出て昔と違うことはいろいろとあります。仮出所をした直後は、知り合いに連絡を取ろうとしても、公衆電話が街からほとんど姿を消していたことに困りました。まるで浦島太郎です。昔の荷物を整理していると五〇〇〇円札が出てきましたが、これがすでに昔のデザインであることを知らずに、家族から笑われたこともあります。

世のなかは移り変わりましたが、北海道警察の体質は変わっていないのかもしれません。

ある日、新聞記事に目がとまりました。その記事は、道警の警部補が逮捕されたと伝えていました。逮捕容疑は地方公務員法の守秘義務違反。風俗店の経営者に犯罪歴の情報を漏洩《ろうえい》したということでした。金銭の授受もあったということで、後に収賄罪で再逮捕されました。警部補は道警本部の組織犯罪対策課の刑事でした。私が中央署にいた時代から知る人物で、彼は銃器対策課にもいたことがあります。

その刑事は、風俗店経営者に客や従業員の犯罪歴を提供していたということです。しかし、これで逮捕されるなら、現役時代の私はいくつ首があっても足りません。誰がヤクザかそうでないかは、とくにすすきのの飲食店から問い合わせがあれば、すぐに教えていました。こういった便宜をはかることで、見返りに情報をくれるのです。私ばかりでなく、警察のＯＢが天下り先で従業員を採用するときは、前歴照会を現役の後輩刑事に頼んでいました。暴力団対策法が施行された当時は、ヤクザに仕事を与えないために「積極的に教えてやれ」と言われていたほどです。

しかも、この一件で監察に事情を聞かれた上司の警部が、警部補の逮捕の十日後に死亡しています。この警部とは旭川中央署で一緒でした。高速道路沿いの雑木林で横転していた車のそばで発見されたそうで、自殺を疑う報道もありました。それを打ち消すように、道警は亡くなった警部を酒気帯び運転容疑で書類送検し、札幌区検は被疑者死亡で不起訴としました。しかし、私には、やはり「自殺だった」という情報が寄せられています。

一連の流れを見ると、私の事件によく似ています。風俗店経営者は情報提供者、つまりエスで、二人は「共犯関係」だったのではないでしょうか。死亡した警部は自殺した片山俊雄と同じような立場だったのでしょう。そして、逮捕された刑事についての、「レクサス三台を所有し、アパートを三棟持っている」と、その派手な生活ぶりが、まことしやかに語られています。

私のときと同様に、エスから情報を取ってくるもっとも現場に近い捜査員とその上司が切り捨てられる構図が透けて見えます。世のなかは随分と変わったというのに、道警の体質は何年経っても一向に変わっていないようです。

情報を取るためにはエスたちとの信頼関係が必要でした。ましてや拳銃を出してもらうほどの信頼を得るためには、こちらも積極的に共犯関係になるしかありません。それは何のためなのか。すべてはノルマを達成するためです。

警察組織は、すべてが点数主義です。機動捜査隊時代からそうでした。第二章で述べたように、ノルマを達成できないと、超過勤務手当がもらえないなどのペナルティがあります。点数欲しさに、安易な摘発を繰り返しました。ノルマ達成のために、警察は事件を作ってきたのです。

それは銃器対策や薬物対策でも同じでした。銃器対策では押収した拳銃の数を競い合い、薬物対策では逮捕した人間の数を競い合います。薬物捜査の場合、上司たちは「人頭《じんとう》を挙げろ」と現場に発破をかける。捜査員の実績になるのは押収した薬物の量や密売ルートの解明ではなく、人頭、つまり何人逮捕したかです。ですから現場は不審者を見かけたら、手当たり次第に職務質問をかけ、尿検査して逮捕する。しかし、その背後にある密売組織の摘発にまで捜査が及ぶことはほとんどありません。有名人が薬物使用で逮捕されるたびに社会的に大騒ぎになりますが、その密売ルートが解明されたことが一度でもあったでしょうか。

本来の警察の仕事は犯罪を未然に防ぐこと、それに尽きます。そのためには密輸される覚醒剤を水際で押さえ、密売ルートを摘発することが肝要です。刑事が時間をかけてエスを作り、密売組織の情報を集める。長期間の内偵を繰り返して、大量の覚醒剤が入ってきたところを税関とともに一網打尽にする。これが理想です。

しかし、こうした捜査をやっているのはごく一部で、一般の刑事が進めようとしても、毎月のノルマが大きな壁になってしまうでしょう。関係を築いたエスは、ノルマに追われるうちに、いつしか犯罪を摘発するための〝協力者〟ではなく、ノルマを達成するために必要な共犯者になってしまう。私はエスたちと共犯関係となりながら拳銃を出してきましたが、ノルマがその原因となっていたのです。

一方でおとり捜査や泳がせ捜査は、拳銃を大量に摘発するためには効果的な捜査手法だと私は感じました。実際に経験してみて、この手法を磨けば巨大な犯罪組織の摘発も夢ではないと思ったものです。

問題は、拳銃押収数を伸ばさなければならないという「ノルマ主義」が介入したことです。結局はそれがエスカレートしてロシア人アンドレイのおとり捜査や、道警と函館税関合同の泳がせ捜査にまで行きついたのです。拳銃を一丁でも多く押収したい銃対課、ひいては道警の歪んだ欲望のために、一三〇キロの覚醒剤、二トンの大麻を意図的に国内に流入させるという本末転倒の結果さえ招いてしまいました。

銃器対策課に所属した八年間に私が出した拳銃は一〇〇丁以上に上ります。上司たちは私のエスが出してくる拳銃に群がり、銃対課の名簿に登録してエスとして運用していました。ですから上司たちは、この許されざる不祥事の共犯者でもあるはずです。それなのに彼らは何一つ責任を取ることなく、いまだ組織のなかに居座っている者もいます。

このような現実を、誰が納得するのでしょうか。


警察組織のなかでは、真面目に捜査すればするほど、違法捜査に手を染めていくこともあります。そして、警察にいる限りは、まともな人間に戻ることはできません。違法捜査を犯しても、それが実績となるのなら黙認されてしまう。良心の呵責《かしやく》に苛まれ、上司に相談しても、誰も取り合ってはくれないでしょう。そして組織は問題が発覚してから、全力で事態を隠蔽しようと図ります。警察組織はそんなどうしようもない仕組みになっているのです。まともな人間に戻るには警察を辞めるしかない。これが私の実感です。

これまで書いてきたように、私は現役時代、数々の違法捜査に手を染めてきました。そこに罪悪感はありませんでしたが、その清算はいつするのだろうか、いつ責任を取るのだろうかと常に考えていました。だから刑務所に入ったときに妙に納得したのです。

道警もこれまでの違法捜査について過ちを認め、清算するべきときではないでしょうか。

「捜査員は組織に保護を求め、組織は捜査員に忠誠を求める。その均衡が崩れると私のような大馬鹿者が生まれる。二度と私のような者が出ないよう、組織はゼロからやり直してほしい」

私は裁判で、道警にこう訴えました。

刑務所で家族と面会したときには、こうも話しました。

「俺はこうなってしまったが、あの組織は腐りきっている。いつかあの組織が変わる、何か大変なことが起こるぞ」

そのきっかけは意外にも早くやってきました。平成十六年（二〇〇四年）二月に私が信頼していた上司で、釧路方面本部長まで勤め上げた道警の元幹部、原田宏二さんが道警の裏金を告発したのです。原田さんは本来現場に下りてくるべき捜査費などが、幹部の裏金になっていることを明るみに出しました。そして、現場の捜査官に十分な捜査活動費が支払われておらず、捜査の妨《さまた》げになっていることを指摘したのです。

私は原田さんが出演したテレビ番組を、たまたま数人の受刑者が同居する雑居房で見ていました。勇ましく裏金を告発する原田さんを見て、他の受刑者たちは「すごい人だ」と称賛していました。

「たいしたもんだ、この人は。組織を告発するなんて、なかなかできるもんじゃない。ねえ、稲葉さん」

そう聞かれましたが、自分の元上司だとも言えずにテレビを眺めていました。これで組織も少しは変わるかなと思いました。しかし、それは過度な期待でした。先に紹介したとおり、また一人の刑事が切り捨てられ、その上司が死んだのです。もはや道警に自浄作用など期待できないのでしょうか。たとえそうであったとしても、せめて私と関わった上司だけはなんらかの形で、その責任を取ってほしい。私はそう願うばかりです。

私にとって、警察は人生そのものでした。私を憎んだ人もいましたが、頼られもしました。暴力団や拳銃の捜査については、それなりの実績を上げてきたと、現役の頃は多少の自負もしていました。しかし今となってはもう、組織に何の未練もありません。社会的地位や経済的な恩恵は棒に振ってしまいましたが、その後悔もありません。ようやく、まともな人間に戻り、まともな生活を取り戻すことができたからです。道警にいれば、人間性を破壊されたまま、無為に警察人生を送っていたことでしょう。

最後になりましたが、これまで述べてきた私の罪について関係者をはじめ、国民の皆様に深くお詫び申し上げます。そして道警銃器対策課が行ったさまざまな違法捜査について、今になっても一切その責任を認めようとしない道警組織や幹部たちに代わり、深謝します。

そして、私の社会復帰を応援してくれた方々には心から謝意を申し上げたい。高校の同級生や大学の柔道部の仲間たちには服役中から出所後の今も、多大な支援をいただいています。

また拘置所、刑務所で私を気にかけ、いつも声を掛けてくださった刑務官の方々は、私に立ち直るきっかけを与えてくれました。仮出所から刑期満了日までの一年三ヵ月の間、日々の生活から仕事面にいたるまで、さまざまなアドバイスをいただいた保護観察官、保護司の先生方にも、心から感謝しています。

何よりも刑務所で服役していた八年間、このような私を待っていてくれた家族には頭も上がりません。

私を支えてくださったすべての方々に、心より感謝いたします。

稲葉圭昭

解説

今西憲之（ジャーナリスト）

二〇一一年十月に稲葉圭昭氏が著した『恥さらし』の帯に、

〈覚醒剤130キロ、大麻2トン、拳銃100丁〉

という赤い大きな文字が躍る。

稲葉氏が北海道警の現職警官という立場ながら、それらを「手土産」に昇進し、一部は売却、現金まで手中にしていたという。信じられないことに、本書に綴られている通り、これは真実だ。ゆえに、稲葉氏は懲役九年の実刑判決を受け、受刑を余儀なくされた。まさに「モンスター」という称号がぴったりだ。

なぜ、こんなことがまかり通ってしまったのか。警察庁が銃砲刀剣類所持等取締法（銃刀法）を改正し、拳銃の摘発を強化するようになった一九九三年にさかのぼる。

いわゆる「平成の刀狩り」と呼ばれるものだ。

その推進役となったのが、警察庁刑事局保安部長で後に警察庁長官に上り詰めた、関口祐弘《ゆうこう》氏（故人）であった。「平成の刀狩り」が国会で論議されていたのは、一九九〇年から一九九一年にかけてだった。一九九〇年十一月、沖縄では暴力団の抗争事件で、拳銃が頻繁に使用された。そして、暴力団とはまったく関係がない高校生が組員と間違われて射殺。その翌日には警戒に当たっていた二名の警官も拳銃で撃たれ死亡するという痛ましい事件があり、拳銃など銃器に対する警察の対応の甘さが批判を浴びていた。

警察庁刑事局保安部長として、関口氏は何度も国会で「平成の刀狩り」がいかに必要なのか熱心に説いている。一九九一年三月の参議院地方行政委員会では、

〈押収けん銃の大半が、私どもが調べてみますと、外国製であります。そして、これらは暴力団等が不正に外国から密輸をしまして国内に流入したというふうなことが推定できるわけでございます。これらの武器が暴力団の抗争事件等に使用されまして国民に極めて大きな不安を与えているというところでございまして、こうした状況を踏まえて、私ども警察では、けん銃密輸事件というものにつきまして重点を置いた取り締まりというものを推進してきているところでございます〉

だが、現行法では十分な取り締まりができないと訴え、
〈今回新たに設けていただきます罰則というものを有効に活用いたしまして、税関その他の関係機関とさらに緊密な連携をとりつつ、早期段階での効果的な取り締まりということを進めてまいりたい〉

と強くアピール。一九九二年三月、自民党の金丸信副総裁が講演中に銃撃される事件があった。大物政治家の銃撃という前代未聞の事件に、国民の不安はさらに高まり、一九九三年に銃刀法が改正された。

そこを見透かしたように、警察庁は全国の都道府県警察に対して、銃器、とりわけ拳銃の取り締まりの強化を指示した。

それを受け、銃器対策課が全国の都道府県警察に新設され、警察庁も保安部が生活安全局と名称を変えて「昇格」。当時、ある県警で銃器対策課にいた刑事は、

「それまで拳銃は暴力団の捜査で摘発すればいいものだった。たとえば一丁摘発したら、十点だとしましょう。それが二十点、三十点、最後には百点、二百点とバブルの不動産のように価値があがっていった。摘発すれば捜査費などの名目で国から多額のカネが出たということもあり、みんな必死で拳銃を探し始めた」

と振り返る。

しかし、拳銃は先の刑事も語るように暴力団の捜査で摘発されるものがほとんどだった。それが暴力団捜査とは縁遠い部署が担当するという。銃器や暴力団捜査のノウハウ、ツテがなければ、当然、結果は出てこない。そこで、稲葉氏のように拳銃や薬物を扱う暴力団につながりがある「S」と呼ばれるスパイを運用し摘発、実績があがっているように「化粧」する手法が全国の都道府県警察で見られるようになる。

「実績をあげるにはできのいいSを囲えるかどうか、そこに尽きる。稲葉氏のようにSを抱える捜査は全国の都道府県警で当然のように行われていた」

と前出の刑事は話す。

銃刀法の改正前は、コインロッカーに拳銃を忍び込ませ、警察に連絡をさせて押収する「クビなし拳銃」が当たり前だった。しかし、改正で「自首減免」という制度が新たに導入された。「拳銃を提出して自首したときは」これを「軽減、または免除する」というもの。大半の場合、書類送検された後に「起訴猶予」となった。

警察庁は、潜在的に暴力団関係者が所持する拳銃が、押収できることを狙ったのであろうが、実際は違った。悪用したのは「拳銃バブル」に酔う警察だった。付き合いのある暴力団関係者の弱みを握り、拳銃を調達させて警察に持参させる。

警察はノルマ、点数稼ぎになり、「カネ」は「裏金」と化していった。暴力団関係者は警察に恩を売れる、お互いにメリットがあるＷＩＮ－ＷＩＮの関係が築けた。私はこれまで、実際に引き受けた人物を何人も取材した。その一人にＮ氏という人物がいる。銃刀法の改正の直後、一九九三年十月二十七日にＮ氏は兵庫県警西宮署にロシア製の拳銃、トカレフを一丁、持参した。Ｎ氏は当時兵庫県警のＳとして運用されていた。

「自首減免という制度ができて、近畿の警察で第一号であげたいと兵庫県警の刑事から頼まれて、一丁、出したのです」

とＮ氏は具体的に刑事の名前や打ち合わせの内容を説明する。

打ち合わせのストーリーによれば、暴力団関係者にカネを貸した、借金のカタに拳銃を預かった、だが暴力団関係者が死亡し拳銃の扱いに困ってコインロッカーに放置すると警察に電話して、刑事がそれを説得して西宮署に持参させ、自首減免として処理したという内容。

「西宮署に持参したら、すでに調書があってサインしてすぐに帰った。『近畿ではじめてやったで』と刑事は大喜びでした」

とＮ氏は語る。「近畿初」の自首減免は翌日の新聞でも取り上げられた。

銃刀法の改正は一瞬、成功したように見えた。警察庁の統計で一九九〇年に全国で押収された拳銃は九百六十三丁。それが、銃刀法の改正後の一九九三年には千六百七十二丁、一九九五年には千八百八十丁にまで膨らんだ。一九九四年六月の参議院決算委員会で警察庁は、銃刀法の改正後の効果について、

〈不法所持などで押収されるけん銃は平成三年以前はおおむね年間一千丁程度であったのでありますが、その後増加傾向を示しておりまして、昨年は史上第三位の一千六百七十二丁に達しております。本年に入りましてからもこの傾向は衰えを見せておらないわけであります〉

と成果をアピールし、統計の数字を並べて自首減免の効果があると説明。

〈銃刀法の改正は着実に効果を見ておるというふうに考えておるところ〉

と締めくくっている。

稲葉氏も本書で指摘している通り、こういうSを運用した「ヤラセ」は長く続かない。N氏の場合は別の銃刀法違反で逮捕され長い懲役刑を余儀なくされた。その間に運用していた刑事との贈収賄まで暴露してマスコミでも大きく報道され、かかわった刑事には有罪判決が下った。兵庫県警は大失態を演じたのだ。

時を同じくして、各都道府県警でも不祥事が次々と表沙汰になった。

一九九五年、愛媛県警では、女性Aから拳銃四丁を買い付けていたことが明らかに

なり、現職の刑事が逮捕された。この刑事は女性Aの覚醒剤使用を見逃していたことも判明し、愛媛県警の威信は失墜した。また、群馬県警でも、暴力団関係者に買わせていた拳銃を押収したことにしていた事実が発覚したのであった。

一方で、一九九四年十一月には東京都大田区で一般市民が暴力団から入手した拳銃で医師を射殺。さらに一九九五年三月には、警察庁の刑事局長として「平成の刀狩り」に尽力してきた國松孝次長官（当時）が自宅マンション前で銃撃され瀕死の重傷を負った。

とても銃刀法の改正による新しい取り組みが功を奏したとは、言いがたい状況である。「平成の刀狩り」が「失策」だったことは、誰の目にも明らかだった。

そして、拳銃摘発の実績は次第に降下してゆく。二〇〇〇年には九百三丁と、銃刀法改正前と同水準にまで下がった。稲葉氏が逮捕された二〇〇二年はさらに減り、七百四十七丁となった。そして、二〇一四年になると、四百六丁にまで減ったのである。

警察庁が重い腰をあげたのは、稲葉氏の事件から二年経った二〇〇四年のことだった。警察庁は刑事局に組織犯罪対策部を新設して銃器対策を担当させることにした。その前年にはすでに警視庁にも組織犯罪対策部を設置。生活安全部門から銃器対策は切り離されることになった。

「北海道警の稲葉事件を筆頭に、あまりに全国で拳銃絡みの警察不祥事が増えてきた。このままでは、不祥事だけが永遠に増え続け、肝心の銃器押収は減るだろうということで、組織自体を変えることに踏み切った。生活安全部門ではうまくいかない、そう判断したからだ。つまり、失策を公に認めざるをえなかったわけだ」

そう当時の警察庁の幹部は述懐する。

稲葉氏は二〇〇三年四月に実刑判決を受け、刑務所に送られる。それでも全国で警察の不祥事が減ることはなかった。二〇〇四年、元道警の原田宏二氏が、北海道警で多額の裏金作りがあったことを告発する。そのきっかけの一つに稲葉氏の事件をあげた。

そして原田氏に続けと、全国で警察の裏金問題の火の手があがった。その頂点が二〇〇五年一月、現職警官のまま警察の裏金を告発した愛媛県警の仙波敏郎巡査部長(当時・現在は退職)。それに関連する国賠訴訟で、警察に裏金が実在すると認められた。国民の警察不信はさらに増大した。北海道警も裏金を認め、約九億円を返還することとなった。

そして、稲葉氏が手掛けた北海道警の事件捜査が「インチキ」だと断罪された。本書にもある、一九九七年十一月に小樽港で拳銃と銃弾を所持して逮捕されたロシア人船員の事件。それが、稲葉氏らが運用するSによる「おとり捜査」だったとして、ロシア人船員と弁護士が二〇〇五年に北海道警などを民事提訴。札幌地裁、札幌高裁ともに判決でロシア人船員とその弁護士の訴えを認め、損害賠償の支払いを命じた。その高裁判決では「おとり捜査」であることだけでなく、ロシア人船員の刑事裁判で北海道警の警官が、Sが現場にいたにもかかわらず「いなかった」と偽証したものと認定。作成された捜査書類も虚偽だったと断罪した。

判決は二〇一三年四月に最高裁で原告と被告の上告が棄却され確定。国賠訴訟でここまで厳しく指摘されれば、組織として第三者委員会などを設置して徹底的に調査し、必要な処分を下して総括、再発防止策を講ずるのが一般的だ。だが、北海道警では特段何らかの動きがあったことは聞かない。稲葉氏のSを運用した「ヤラセ」の事件に多数の北海道警の幹部がかかわっていたことは、この著書でも明らかである。しかし、ほとんどが何ら制裁も処分も受けず、定年まで勤めあげ、天下り先も用意されて道警を去っていった。その一方で、本書にもあるように、稲葉氏のSと道警幹部の二人が命を絶つという悲劇も生まれた。

その場しのぎ、事なかれ主義の典型、北海道警。

不祥事は今なお絶えない。今年（二〇一五年）、虚偽の交通違反切符を作成した虚偽有印公文書作成・同行使の疑いで北海道警現職警官一人が逮捕され、三十三人が書類送検された。普通、ここまで「犯罪的」な不祥事が続けば組織はおのずと正常化するはずだ。ましてや、国民の生命と財産を守り、正義を実践するという「警察」である。その組織が、裁判所で認定された自らの問題すらきちんと総括できずにいる。そここそ、本当の病根が潜んでいるのである。その意味で稲葉事件は、単なる個人の不祥事ではなく、北海道警、いや日本の警察組織が抱える〝闇〟を表す、象徴的な事件だったと言えるのではないだろうか。

稲葉氏の懺悔録《ざんげろく》ともいうべき本書は、氏が意図したのか、していないのかにかかわらず、日本の警察機構全体に警鐘を鳴らす重要な書となったと、私は評価している。

本書は二〇一一年十月、小社より刊行されました。
文庫化にあたり、一部を加筆・修正いたしました。

|著者| 稲葉圭昭　1953年、北海道生まれ。北海道警察銃器対策課・元警部。東洋大学を卒業後、1976年に北海道警察に採用され、機動隊に柔道特別訓練隊員として配置される。道警本部機動捜査隊、札幌中央署刑事第二課、北見警察署刑事課、旭川中央署刑事第二課を経て、1993年、道警本部防犯部保安課銃器対策室（後の生活安全部銃器対策課）に異動。道警銃器対策課が主導した「警察庁登録50号事件」や「ロシア人おとり捜査事件」、「石狩新港泳がせ捜査」など、数々の〝違法捜査〟に関与。捜査費を捻出するため、自ら覚醒剤の密売に手を染めるようになった。2002年、現役の警部としては道警史上初めて覚醒剤使用で逮捕され、懲戒免職。覚せい剤取締法違反、銃刀法違反の罪で懲役9年を宣告される。2011年9月、刑期満了。

恥《はじ》さらし　北海道警《ほっかいどうけい》　悪徳刑事《あくとくけいじ》の告白《こくはく》

稲葉《いなば》圭昭《よしあき》

2016年1月15日第1刷発行
2024年9月2日第7刷発行

発行者——森田浩章
発行所——株式会社　講談社
東京都文京区音羽2-12-21　〒112-8001
電話　出版（03）5395-3510
　　　販売（03）5395-5817
　　　業務（03）5395-3615

Printed in Japan

講談社文庫
定価はカバーに
表示してあります

KODANSHA

デザイン—菊地信義
製版———TOPPAN株式会社
印刷———株式会社KPSプロダクツ
製本———株式会社KPSプロダクツ

ISBN978-4-06-293270-7

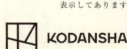

講談社文庫刊行の辞

二十一世紀の到来を目睫に望みながら、われわれはいま、人類史上かつて例を見ない巨大な転換期をむかえようとしている。

世界も、日本も、激動の予兆に対する期待とおののきを内に蔵して、未知の時代に歩み入ろうとしている。このときにあたり、創業の人野間清治の「ナショナル・エデュケイター」への志を現代に甦らせようと意図して、われわれはここに古今の文芸作品はいうまでもなく、ひろく人文・社会・自然の諸科学から東西の名著を網羅する、新しい綜合文庫の発刊を決意した。

激動の転換期はまた断絶の時代である。われわれは戦後二十五年間の出版文化のありかたへの深い反省をこめて、この断絶の時代にあえて人間的な持続を求めようとする。いたずらに浮薄な商業主義のあだ花を追い求めることなく、長期にわたって良書に生命をあたえようとつとめるところにしか、今後の出版文化の真の繁栄はあり得ないと信じるからである。

同時にわれわれはこの綜合文庫の刊行を通じて、人文・社会・自然の諸科学が、結局人間の学にほかならないことを立証しようと願っている。かつて知識とは、「汝自身を知る」ことにつきていた。現代社会の瑣末な情報の氾濫のなかから、力強い知識の源泉を掘り起し、技術文明のただなかに、生きた人間の姿を復活させること。それこそわれわれの切なる希求である。

われわれは権威に盲従せず、俗流に媚びることなく、渾然一体となって日本の「草の根」をかたちづくる若く新しい世代の人々に、心をこめてこの新しい綜合文庫をおくり届けたい。それは知識の泉であるとともに感受性のふるさとであり、もっとも有機的に組織され、社会に開かれた万人のための大学をめざしている。大方の支援と協力を衷心より切望してやまない。

一九七一年七月

野間省一